KB063231

수업공동체

'수업연구 실천모임' 어떻게 할까?

수업디자인 연구소
INSTRUCTION DESIGN INSTITUE

수업 공동체
'수업연구실천모임' 어떻게할까?

초판 2쇄 발행 2018년 4월 1일
발행인 김성경
저자 김현섭
교정 및 윤문 허용회
디자인 문상은, 임누리
발행처 수업디자인연구소 www.sooupjump.org
도서 구입 및 기타 문의 변미정 / 031-502-1359 / eduhope88@naver.com
주소 경기도 군포시 대야2로 157번길 5-22 동일빌딩 201호
정가 16,000원
ISBN 979-11-958100-2-4

서문

최근 교육부와 교육청 차원에서 교사학습공동체에 대한 지원 정책이 추진
하면서 많은 사람들이 교사학습공동체에 대한 관심이 높아지고 있다. 교사
학습공동체 중 수업을 연구하고 실천하는 모임을 수업 공동체(수업 탐구 공
동체)라고 할 수 있는데, 수업 혁신이 주요 관심사가 되면서 자연스럽게 수업
공동체에 대한 중요성이 부각되고 있다. 그런데 현실은 그 중요성에 비해 학
교 안 수업 공동체 운동은 그리 활성화되지 못한 상태이다. 형식적으로만 수
업 공동체가 운영되고 지원 예산도 효율적으로 사용하지 못하는 경우도 있
다. 이 책은 '학교 안 수업 공동체 운동을 어떻게 활성화하면 좋을까?'라는 문
제의식을 가지고 저술하였다.

  학교 안에서 다양한 유형의 수업 공동체 활동을 진행하고자 할 때 참고
할만한 가이드북이 있으면 좋겠다는 생각을 하였다. 그래서 여기에서는 수
업 수다, 독서 토론 모임, 수업 나눔 모임, 수업 디자인 모임 등 수업공동체

활동을 하려고 할 때 손쉽게 시작할 수 있는 방법들을 정리하여 제시하고자 했다.

필자는 1992년 교직을 시작했는데, 우연히 전국도덕교사모임 개척 단계에 참여하여 여러 선배 선생님들과 동료 교사들을 통해 수업에 대하여 많이 배우고 함께 연구하고 실천했다. 주로 교육과정 재구성과 공동 수업디자인 활동을 하였다. 1998년 협동학습 세미나에 참여하면서 협동학습을 주제로 학교 안 수업 동아리를 조직하여 활동하였다. 공립학교 특성상 모임을 지속적으로 운영할 수 없어서 고민 끝에 한국협동학습연구회를 개척하여 15년 동안 연구회 대표와 센터 소장으로 활동하였다. 서울을 시작으로 부산, 광주 등 지역 소모임 개척하고 지원하는 일들을 했다. 그래서 현재 한국협동학습연구회는 15개 지역모임을 가진 전국 단위 수업 공동체로 발전했다. 2015년 수업디자인연구소를 새롭게 개척하여 수업 혁신 운동을 활발하게 펼치고 있다. "질문이 살아있는 수업", "철학이 살아있는 수업 기술", "수업 성장" 등을 통해 다양한 수업 디자인 운동을 펼치고 있다. EBS '선생님이 달라졌어요' 프로그램에 수업 코치로 출연하면서 자연스럽게 수업 성찰 및 수업 코칭의 중요성을 깨닫고 이후 수업 코치나 헤드 코치로서 활발하게 활동하고 있다. 소명중고등학교 부설 좋은학교연구소에서 교사 교육, 수업 코칭 활동 등을 통해 좋은 학교를 세우는 일도 하고 있다. 좋은교사운동 좋은학교만들기 위원회를 통해서 수업 혁신 중심의 학교 혁신 운동도 추진하였다.

이미 교사학습공동체에 대한 연구 성과물은 대학을 중심으로 여러 가지 연구 논문들(김성천, 김연주, 서경혜 외)이 있다. 그중에서도 이화여대 서경혜 교수님이 이론적인 측면에서 그동안의 교사학습공동체 연구 성과들을 잘 정리하였다. 최근 교육정책디자인연구소에도 실천적인 측면에서 교사학습공동체에 대하여 잘 정리하여 출간했다. 필자는 이러한 선행 연구들을 토대로 좀 더 구체적으로 수업 공동체에 대한 실천적인 고민들을 정리할 필요성을 가지고 이번 책을 집필하게 되었다. 사실 필자는 그동안 교사학습공동체 연구 논문의 연구 대상으로 선정되어 많은 인터뷰를 하였다. 필자의 수업 운동의 경험이 연구 논문 형태로 나온 것들을 살펴보며 내 자신을 성찰하고 수업 혁신 운동에 대하여 좀 더 고민할 수 있는 시간을 가졌다. 이제는 운동가, 연구실천가로서 필자가 직접 수업 공동체에 대한 고민과 실천 경험을 토대로 이를 정리할 필요성을 느껴져서 이 책을 집필하게 되었다.

필자는 그동안 수업 공동체 운동의 고민과 경험을 토대로 '책 속의 책' 코너를 개설하여 학교 밖 수업 공동체 리더를 위한 수업 공동체 운동론도 실었다. 부디 이 책이 수업공동체 운동 활성화에도 조금이나마 기여하길 바란다.

이 책을 집필하도록 도움을 주신 수업디자인연구소 선생님들, 티쳐빌 원격연수원의 박지영 과장님, 좋은교사운동의 김진우, 임종화 선생님, 추천사를 기꺼이 써주신 여러 선생님들께 감사드린다. (사)교육디자인네트워크를 통해 동역하고 있는 여러 연구소 선생님들이 있었기에 이 책이 나올 수 있었다. 교정 윤문작업을 해준 허용회 선생님, 보기 좋은 디자인으로 수고해 준 문상은 간사님, 행정 지원을 담당한 변미정 간사님에게도 감사드린다. 항상 나를 지지하는 가족들(성경, 하림, 예준)에게도 늘 감사하다. 무엇보다 하나님께 감사드리며...

2018. 1. 1.

수업디자인연구소 소장 김 현 섭

추천사

김현섭 선생님은 적절한 시기에 적절한 주제의 책을 낸다. 시대를 잘 읽고 부지런하기 때문이다. 이 책도 그런 특성을 잘 표상하는 책이다. 단위 학교의 안과 밖에서 수업 공동체를 내실 있게 운영하기를 원하는 모든 교사들이 함께 읽어야 할 책이다.

이혁규 (청주교대 교수, 한국열린교육학회 회장, '한국 교육 생태계' 저자)

8년 동안 혁신학교를 일구고 참여하는 과정에서 깨달은 학교 혁신의 힘은 교사학습공동체였다. 교사의 일 중 가장 핵심이 수업이라고 본다면, 수업 공동체는 학교 혁신의 가장 강력한 엔진이라고 볼 수 있다. 한국 수업 운동의 산증인이라고 할 수 있는 김현섭 선생님의 이 책이 학교 혁신의 엔진을 만들어 내는 마중물이 될 수 있을 것이다. 학교 현장에서 많이 활용되기를 기대한다.

김영식 ((사) 좋은교사운동 공동 대표, '덕양중학교 혁신학교 도전기' 저자)

이 책은 수업을 통해 함께 성장하는 방법과 혜안이 고스란히 담겨 있다. 내 수업, 내 교실, 내 삶이 함께 성장할 수 있게 해 준다. 저자는 수업을 바라보는 눈, 수업을 나누는 방법, 수업을 디자인하는 기획력까지 그동안 쌓아온 내공과 관록을 모두 보여 주고 있다. 자신의 수업에 대해 회의를 느껴 본 적 있는가? 자신의 수업을 성장시키고 싶은가? 이 책은 보다 나은 나의 성장과 발전을 안내해 주는 수업공동체로의 마중물 역할로 교사의 수업성장을 확실히 보장해 줄 것이다.

임재일 (경기 백봉초 교사, '교사학습공동체' 저자)

이 책의 세대 구분법에 의하면 나는 수업공동체운동 2세대인 인디스쿨과 3세대인 사람과교육네트워크에 참여해왔다. 수업공동체 참여 과정에서 다양하게 경험했던 것들이 이 책에서 체계적으로 정리되어 있어서 지난 시간들을 돌아볼 수 있었다. 수업 수다에서 시작해서 교육과정 재구성 모임까지 5가지 수업공동체 모델과 구체적인 방법과 사례가 안내되어 있어서 앞으로 우리 모임이 나아갈 바에 대한 시사점을 얻을 수 있어서 좋았다.

정유진 (세종 온빛초 교사, 사람과 교육네트워크 대표, '학급운영시스템' 저자)

'교사는 수업으로 말한다'고 하지만 왠지 자신의 수업을 나눈다는 것은 그리 쉬운 일이 아니다. 그럼에도 요즈음 혁신 학교들을 통해 수업 나눔이 확산되고 있는 것은 매우 바람직한 일이라고 생각한다. 저자는 이 책을 통해 자신의 경험을 바탕으로 수업 연구 실천모임의 실천적인 방안을 제시하고 있다. 수업 공동체의 리더 뿐만 아니라 학교 혁신을 넘어 교육혁신에 대하여 관심 있는 모든 분들께 큰 도움이 되리라 믿는다.

안종복 ((사) 교육디자인네트워크 이사장, 전 강남서초교육지원청 교육장)

수업 담당 장학사로서 '어떻게 하면 선생님들의 자발적인 수업 변화를 이끌어낼 수 있을까'하고 늘 고민하고 있던 차에 참 반가운 책을 만났다. 이 책은 지금까지 다소 중첩되고 모호하던 수업공동체 관련 개념들을 명료하게 정리하면서, 바람직한 수업공동체 운영 방안을 단계적으로 제시하고 있다. 진정한 수업 변화를 갈망하고 있는 이 땅의 많은 선생님들이 이 책이 제시하고 있는 수업공동체 운영 로드맵을 따라 직접 실천해 가면서 깊이 있는 수업 성장의 기쁨을 맛보기 바란다.

정강욱 (대구광역시교육청 중등교육과 장학사)

교사라면 누구나 좋은 수업에 대한 갈망과 공동체에 대한 목마름이 있다. 개인적으로는 저자를 처음 협동학습 연수를 통해서 알게 되었고 몇 년 전 저자를 초청해 수업 성장 워크숍을 진행했었다. 이 모임이 현재 수업 공동체로 이어져 지속적으로 수업에 대한 고민을 나누고 있다. 이 책이 수업공동체를 갈급해 하고 있는 교사들에게 산파 역할을 해줄 것이라 기대한다.

최한성 (전북 익산교육지원청 장학사)

수업공동체라는 집단 지성을 통해 수업을 잘하고 싶어 고민하는 교사들에게 힘과 용기를 주는 책이다. 저자의 수업공동체 실천 경험과 강의 및 코칭 경험을 바탕으로 손쉬운 방법과 다양한 사례들을 제시하여 매뉴얼처럼 활용할 수 있어서 적극 추천한다.

박영미 (경북 상모초등학교 수석교사)

몇 년 간의 혁신 학교 경험을 통해 가장 크게 깨달은 점은 학교 혁신의 열쇠는 교사들의 동료성 구축이라는 것이다. 동료 교사야말로 가장 귀한 스승이다. 동료 교사들과 함께 만들어 가는 수업 연구 공동체를 통해 각 개인의 전문성이 연결되면서 집단지성을 통한 성장이 일어나는 것을 경험하였다. 이 책은 학교 현장에서 수업 연구 실천모임을 만들어 가는 다양한 사례와 방법론을 제시하고 있다. 학교에서 동료성의 힘을 경험하고 싶은 선생님들께 일독을 권한다.

박준영 (서울 한울중 혁신부장 교사)

전문적 학습 공동체를 구성하고 지속가능한 발전을 돕는 지침서로 손색이 없다. 학교 혁신 및 수업 혁신의 디딤돌이 될 알찬 내용으로 채워져 더없이 기쁘고 기대되는 책이다.

최재화 (시흥 신천고등학교 혁신부장 교사)

목차

1장.
왜 수업공동체인가?

교사는 과연 전문직인가?

교직을 어떻게 이해할 것인가는 예전부터 논란이 있었다. 교직은 성직(聖職), 노동(勞動職), 전문직(專門職) 3가지 측면에서 이해할 수 있다. 다만 어떠한 입장을 강조하느냐에 따라 교사에 대한 역할과 책임이 달라질 수 있을 것이다. 성직을 강조하면 성직자처럼 소명 의식에 따라 사명감 있게 아이들을 가르쳐야 한다는 것이고, 노동직을 강조하면 교사가 노동자로서의 권리와 의무를 가져야 한다는 것이고, 전문직을 강조하면 다른 사람이 대신하기 힘든 교직 전문성을 가져야 한다는 것이다. 최근에는 교사에게 전문직을 보다 더 강조하고 있는 추세이다.

그런데 현재 교사는 과연 전문직으로서 볼 수 있을까?

일반적으로 전문직은 다음 조건들이 존재한다.[1] 전문직 지식과 경험을 가지고 있어야 하고, 자격을 인정받을 수 있어야 하고, 행위가 규제되고, 공통 가치에 구속되고, 동종 직업 종사자들로부터 피드백을 받을 수 있어야 한다.

첫째, 전문직은 전문적 지식을 가진다. 일반인이 가지고 있지 않은 지식과 경험을 가지고 있다. 남을 가르치는 일은 그리 쉬운 일이 아니다. 학생들을 제대로 가르치려면 학생, 관계, 교육과정 및 교과 지식, 교수학습방법 등에 대한 심도 있는 이해와 경험이 있어야 한다. 교사는 수업 뿐 아니라 생활지도, 행정 업무까지 수행해야 한다. 그러므로 교직 전문성 역량을 키우기 위한 노력이 지속되어야 한다.

둘째, 전문직은 자격이 있어야 입회할 수 있다. 오랜 교육, 훈련, 수습 기간을 거치고 그 과정에서 실무 경험을 충분히 쌓고 적절한 지도를 받았음을 입

---

1   리처드 서스킨드 외, "4차 산업혁명 시대 전문직의 미래', 와이즈베리, 2016

증해야 온전한 전문가로 인정받을 수 있다. 교사는 교대나 사범대 등 교원 양성 과정에서 체계적인 훈련을 받고 교생 실습 등의 수습 기간을 거쳐야만 교사 자격증이 부여되고 나아가 국·공립 교사가 되기 위해서는 교사 임용후보자선정경쟁시험 등을 통과해야 한다.

셋째, 전문직은 행위가 규제된다. 특정 행위에 대한 독점권을 부여받는다. 특정 분야의 업무를 독점할 수 있다. 경쟁을 제한할 뿐 아니라 전문직 다수가 스스로 규제하도록 허용하거나 심지 강제한다. 행위 기준과 윤리 기준에 따라 행동해야 할 것을 요구받는다. 어떤 사람이 의사면허증 없이 환자를 치료하게 되면 의료법에 의해 처벌받게 된다. 그런데 어떤 사람이 교사 자격증이 없이 학생을 가르친다고 해서 법률에 의해 처벌받는 것은 아니다. 교사 자격증이 있는 사람만 학교에서 가르칠 수 있는 권한이 부여될 뿐이다. 그런데 교육은 학교 안에서만 이루어지는 것이 아니기 때문에 행위가 전적으로 규제되는 것은 아니다.

넷째, 전문직은 공통 가치에 구속된다. 공공의 이익과 사회적 가치에 따라 일할 것을 요구한다. 예전에는 교사에게 사명감을 강조하고 요구하는 가치 규범이 다른 직업에 비해 높았다. 하지만 최근에는 사회 구조의 변화에 따라 교직에 대한 사회적 역할과 요구도 바뀌어갔다. 현재 교육은 공교육 뿐 아니라 사교육도 존재한다. 공교육 교사가 사익을 위해서 학생들을 가르치는 것은 엄격하게 규제되고 있지만 사교육 강사가 사익을 위해서 학생들을 가르치는 것에 대하여 비난하지는 않는다. 공교육 교사는 수업 뿐 아니라 생활지도나 행정 업무 등 많은 업무를 감당해야 하지만 사교육 강사는 강의를 주로 감당하면 된다. 그러다보니 출발점은 공교육 교사가 사교육 강사에 비해 수준과 자격이 결코 뒤떨어지지 않지만 시간이 지남에 따라 오히려 역전되는 일도 생긴다. 사교육 강사는 저자 직강 형태로 수업을 하지만 공교육 교사는 남이 만든 교과서로 수업을 한다.

다섯째, 전문직은 동종 직업 종사자들로부터 검증받고 피드백을 받을 수 있는 기회가 많다. 의사의 경우, 환자를 치료할 때 처방전을 주는데, 그것이 제대로 된 처방전인지는 다른 의사나 약사를 통해 검증받을 수 있다. 만약 문제가 있다고 생각되면 환자 입장에서는 의사나 병원 자체를 옮길 수 있다. 교수의 경우, 자기 전공 분야의 학회에 가입하여 자기 논문을 써서 다른 교수들이나 연구원들에게 검증과 피드백을 받는다. 논문 실적이나 강의 평가 실적이 좋지 않으면 인사 상 불이익을 받기도 한다. 그런데 교사는 교사학습공동체에 의무적으로 가입하는 것이 아니고, 논문을 내는 것도 아니다. 교원능력개발평가를 통해 정기적으로 교원 평가가 이루어지고 있지만 어느 정도 한계가 있는 것도 사실이다.

교직 전문성은 다른 직업 전문성과 다른 특성이 존재한다. 무엇보다 교직은 학생(사람)을 대하는 일이라는 것이다. 기술직의 경우, 고경력자 일수록 생활의 달인처럼 높은 수준의 기술을 습득하고 구현할 수 있다. 그런데 교직은 기술적인 측면만 있는 것이 아니다. 기본적으로 학생을 가르치는 일이기 때문에 사람에 대한 온전한 이해와 애정이 기본적으로 필요한 일이다. 대개 저경력 교사에 비해 고경력 교사가 학생을 대한 경험이 많이 있기 때문에 안정적으로 지도할 수 있는 부분이 있긴 하지만 그렇다고 해서 늘 고경력 교사가 저경력 교사보다 학생들을 잘 지도하는 것은 아니다. 학생들은 생명이기 때문에 개개인마다 특성이 다르고 학급마다 분위기가 다르다.

대체로 예전 학생들에 비해 요즘 학생들이 학생 생활지도하기가 힘들어지고 있다. 특히 우리나라가 저출산 시대로 접어들어 한 가정 당 출산율이 1.18명까지 내려가면서 대부분 한 자녀 가정인 경우가 많다. 이 경우, 과잉보호로 자라날 가능성이 높기 때문에 개인주의적 성향, 의존적인 성향을 띠게 되는 경우가 많다. 또한 맞벌이 가정이 늘면서 어린 시절 부모의 사랑을 충분히 받지 못하고 다른 사람들에게 위탁받아 성장하는 경우가 많다보니 나중에 성장하여 애정 결핍에 따른 여러 가지 문제점이 드러나게 되는 경우가 생긴다. 대중문화의 발달과 게임 산업의 발달을 통해 미디어 중독, 게임 중독에 빠져서 스스로 자기 일을 풀어가는 일을 제대로 하지 못하는 경우도 생긴다.

수업 전문가로서 교사?

교사의 역량은 교사 업무와 직접적인 관련이 있다. 교사의 3대 업무는 수업, 생활지도, 행정 업무이다. 교사의 전문성은 수업 역량, 생활 지도 역량, 행정 처리 역량 등이 있다. 수업 역량은 수업 기획력, 교육과정 재구성, 교수학습 방법, 학습 동기 부여 등이 있다. 생활 지도 역량은 성장과 발달 관점에서의 학생 이해, 학생과의 관계 세우기, 학급 운영 기술 등이 있다. 행정 처리 역량은 학교 조직에서 필요한 행정 업무를 기획하고 추진하는 것 등이 있다. 여기에 한 가지를 더 생각한다면 미래 사회와 학교의 변화 추세로 볼 때 교사에게 교육과정 기획력이 추가될 수 있을 것이다. 기존 교과 지식을 전달하는 전수자 역할에서 교육과정을 재구성하고 학교와 학생들의 필요에 맞는 지식을 창출할 수 있는 디렉터 역할이 강조될 것이다.

교사가 교육전문가로서 교직 전문성을 지속적으로 신장시키기 위해서는 다양한 노력들이 필요하다. 교직 전문성 신장을 위한 각종 연수도 필요하지만 연수만으로 교직 전문성을 담보할 수는 없다. 연수를 받았다고 해서 연수받은 대로 실천하는 것은 아니기 때문이다. 연수 만능주의(萬能主義)는 교사의 과중한 업무에 또 다른 부담감만 줄 수 있다. 그렇다고 연수 무용론(無用論)에 빠질 필요도 없다. 연수 없이 교사 개인이 알아서 열심히 한다고 해서 교직 전문성이 길러지는 것은 아니기 때문이다.

교직 전문성은 연구와 실천, 그리고 피드백을 통해 길러진다. 교사는 무엇보다 연구 역량을 길러야 한다. 국가수준 교육과정이 변화되었다면 교육과정에 대한 연구를 통해서 학교수준 교육과정을 기획하고 교사수준 교육과정 차원에서 교육과정을 재구성할 수 있어야 한다. 수업을 연구하고, 학생들을 이해하고 그에 따른 학급 운영을 연구해야 한다. 연수를 통해 수동적으로 지식을 수용하는 것이 아니라 연구를 통해 능동적으로 지식을 재창출할 수 있어야 한다.

교사는 연구한 것을 실천해야 한다. 상대적으로 대학 교수에게는 연구 역량을 강조한다면 교사에게는 실천 역량을 강조한다. 교육학은 기본적으로 실천 학문이다. 교사가 고민한 만큼 수업을 실제로 역동적으로 구현해야 하고 학생들을 사랑하고 학급을 운영해야 한다. 어떤 교사가 연구만 하고 실천하지 않는다면 좋은 교사라고 평가할 수 없을 것이다. 교사의 연구와 실천은 학생 배움 증진에 초점을 맞추어 진행될 때 의미 있다고 볼 수 있다.

교사 개인의 연구와 실천은 한계가 있다. 교사의 연구와 실천은 교사학습

공동체 안에서 검증되고 피드백이 되어야 한다. 교사가 개인주의 울타리에 갇혀있는 한 지속적인 성장을 기대하기 힘들다. 교사는 자기 업무를 개방적인 태도로 공개할 수 있어야 하고 다른 동료 교사들의 피드백을 수용할 수 있는 여유가 있어야 한다.

교사는 수업 전문가인가? 대개 전문성 향상 문제는 노력과 경험에 비례한다. 행정 업무의 경우, 관련 업무를 반복하여 실행하면서 경험이 쌓이고 일을 처리하는 능력이 자연스럽게 길러진다. 생활 지도의 경우, 다양한 아이들을 경험하면서 문제 상황별 대처 방안에 대한 노하우가 쌓이게 된다. 그래서 저경력 교사보다 고경력 교사가 행정 업무나 학생 생활 지도에 있어서 잘 처리하는 경향이 있다. 그런데 수업의 경우, 과연 그러한가? 저경력 교사보다 고경력 교사가 더 수업을 잘하는가? 쉽게 답변하기 힘들다. 작년에 성공적으로 진행했던 수업 방식이 올해에는 똑같이 실행해도 그 효과가 떨어질 수 있다. 그 이유는 수업은 지식과 경험으로만 해결할 수 없는 부분이 있기 때문이다. 특히 학생은 생명이고 인격체이기 때문에 다 다르다. 작년 학생과 올해 학생이 다르기 때문에 동일한 지식을 가르쳐도 효과가 달라질 수 있다. 그래서 많은 고경력 교사들이 경력이 쌓일수록 하기 힘든 것이 수업이라고 말한다. 오히려 저경력 교사 시절에는 수업이 그리 부담되지 않았지만 경력이 쌓일수록 힘들게 느껴지는 것이 수업이라는 것이다. 고경력 교사라도 수업에 대하여 끊임없이 고민하지 않으면 저경력 교사보다 수업을 잘하기 힘들다. 수업은 성장만 존재하는 것이 아니라 퇴보도 있다. 경력과 상관없이 부단한 수업 전문성 신장 노력이 있어야 수업을 잘할 수 있다. 교사는 수업 성찰과 피드백을 통해 수업 성장을 경험할 수 있다.

수업 공동체가 잘 활성화되지 않는 이유?

교사의 수업 전문성 신장을 위해서는 수업 공동체 경험이 필수적이다. 왜냐하면 수업 공동체 안에서의 피드백 경험을 통해 자기 수업을 성찰하고 수업 디자인 역량을 신장시킬 수 있기 때문이다. 최근 교육청이나 교육부 차원에서 교사학습공동체 지원 정책이 적극적으로 운영되고 있다. 일단 바람직한 현상이긴 하지만 단위 학교에서 이루어지는 교사학습공동체 현실을 살펴보면 일부 학교의 경우, 형식적으로 진행되는 경우가 있다. 그렇다면 일부 학교의 경우, 수업 공동체가 잘 활성화되지 않는 이유는 무엇일까?

첫째, 과중한 학교 업무를 들 수 있다. 우리나라의 경우, 교사가 수업만 하는 것이 아니라 생활지도나 행정 업무도 해야 한다. 수업 시수가 많고, 학생 수가 많으며, 학생 사안이 자주 발생하고 각자가 처리해야 할 행정 업무가 과도하게 되면 수업 공동체에 참여할 마음과 여유가 부족해지기 쉽다. 학교 안에 수업 공동체가 잘 조직되어 있다 하더라도 시기적으로도 학기 초 업무가 많은 3월이나 시험 기간, 학기말 때는 통상 수업 공동체 활동을 하지 않는 경우가 많다.

둘째, 학교 구성원들이 수업 공동체의 중요성을 충분히 인식하지 못하는 경우가 있다. 수업 공동체는 시간이 여유가 있어서 하는 것이 아니다. 그런데 많은 교사들이 여유 있는 시간이 있을 때 하면 좋은 것 정도로 인식하는 경우가 많다. 수업은 기본적으로 개인적인 행위라고 생각하기 때문에 수업 문제를 함께 이야기하는 것 자체가 낯설게 느끼는 경우가 많다. 그래서 시간이 남으면 그때 수업 공동체 활동을 하자는 것이다. 그러다보니 학교 업무가 많거나 바쁘게 되면 수업 공동체가 제대로 이루어지지 않는다. 수업 공동체가 중요하다고 생각하면 별도의 시간을 마련해서 수업 공동체 활동에 전념할 수 있는 여건을 만들어 주어야 한다. 실제로 수업 공동체가 활성화되어 있는 학교들의 경우, 학교 교육과정 안에 별도의 시간을 마련해서 교사학습공동체 활동을 할 수 있도록 학교 차원에서 지원한다.

셋째, 관료적인 학교 문화와 운영 방식과 관련이 있다. 관료적인 문화를 가지고 있는 학교는 하향식 의사결정을 하는 경우가 많다. 학교 관리자의 결정에 따라 학교 의사결정이 이루어지게 되면 학교 구성원들이 열심히 그 문제를 연구하고 실천할 필요성을 잘 느낄 수 없다. 어차피 학교관리자의 결정대로 따라 하는 것이 가장 편하고 좋은 해결 방안이라고 생각하기 때문이다. 이 경우, 교사는 수동적인 자세로 업무에 임하게 되고 해당 업무를 사고 없이 처리하는데 초점을 둔다.

넷째, 수업 공동체의 생명력은 자발성에 있는데 이런 자발성이 부족한 경우, 그 한계가 분명히 드러나게 된다. 예컨대, 교육청 정책에 따라 타율적으로 수업 공동체를 조직하고 주어진 예산을 소진하기 위해 대충 활동을 하게 되면 활동한 실적은 남지만 실효성은 떨어지게 될 것이다. 필자의 경험에 의하면 수업 공동체의 활동력은 교사 리더십과 밀접한 관계가 있다. 전문성과 덕망이 있고 주변 교사들에게 리더십과 신뢰성을 인정받는 교사가 수업 공동체의 리더인 경우, 수업 공동체가 활성화되지만 리더십이 검증되지 않은 교사가 수업 공동체 리더가 되는 경우, 활동 자체가 지지부진해질 수 있다. 긍정 방향의 에너지가 있는 교사가 리더로 있는 수업 공동체는 활성화되고 그 리더십이 나머지 구성원들에게 긍정 에너지를 줄 수 있지만 부정 방향의 교사가 리더로 있는 수업 공동체는 활동 자체가 잘 이루어지지 않을 뿐 아니라 부정 에너지가 구성원들에게 전염될 수 있다. 그러므로 수업 공동체 활성화를 위해 양적으로만 접근해선 안 된다.

수업 공동체가 중요한 이유

수업 공동체는 교사의 수업 성찰을 위한 공간이 된다. 수업 성장은 수업 성찰에서 비롯된다. 수업 성찰이란 교사가 자기 수업을 있는 그대로 바라보고 수업 외형 뿐 아니라 교사 내면까지도 되돌아 볼 수 있는 것을 말한다. 수업 성찰이 중요하다는 것은 알지만 실제로 교사 혼자서 수업 성찰을 지속적으로 하기 쉽지 않다. 그런데 수업 공동체 활동을 통해 교사는 자기 자신의 수업에 대하여 끊임없이 고민하고 성찰할 수 있는 기회를 제공한다.

수업 공동체는 수업 공간을 사적인 영역에서 공적인 영역으로 바꾸어 준다. 기존 교직 문화에서는 수업을 철저히 개인적인 영역으로 치부하는 경향이 있었다. 그래서 누군가가 사전 허락 없이 자기 수업을 참관하는 것을 극히 꺼렸다. 왜냐하면 일종의 사적인 영역의 침해라고 생각했기 때문이다. 그런데 수업 공동체 활동을 통해 교사는 자기 수업을 사적인 영역에서 해방시켜서 공적인 영역으로 바라볼 수 있도록 해준다. 수업 나눔에 대한 부담이 없는 것은 아니지만 이를 통해 자기 수업 성장의 기회로 삼을 수 있다.

수업 공동체를 통해 수업 퇴보 대신 수업 성장을 할 수 있는 기회가 주어진다. 교직 경력에 비례하여 수업 전문성이 신장되는 것은 아니다. 처음에는 수업 전문성이 교직 경력에 비례하여 신장되다가 일정 단계에 이르게 되면 정체 현상이 나타나고 이를 어떻게 풀어가느냐에 따라 성장과 퇴보로 갈린다. 긍정 방향의 교사는 수업 성장을 경험하지만 부정 방향의 교사는 수업 퇴보를 경험한다. 수업 공동체 활동을 통해 교사는 실질적인 수업 성장을 경험할 수 있게 된다.

수업 전문성은 수업 공동체 안에서 동료 교사의 교류와 피드백을 통해 신장시켜 나갈 수 있다. 동료 교사의 인정과 칭찬을 통해 자기 수업의 장점을 극대화할 수 있고, 동료 교사의 이해와 격려, 질문하기와 공동의 해결책 모색 과정을 통해 자기 수업의 단점을 극복할 수 있게 된다. 수업 공동체 안에서의 칭찬과 격려를 통해 수업 연구와 실천에 매진할 수 있도록 도와준다.

수업 공동체란?

수업 공동체(수업 탐구 공동체)란 교사의 수업 전문성 신장과 학생의 학습 증진을 위해 교사들이 연구하고 실천하고 반성하는 교사들의 연구실천공동체를 말한다. 이와 비슷한 개념으로 수업 연구모임, 교과연구회, 수업 동아리 등이 있었다. 대개 수업 연구모임은 수업을 연구하기 위한 소모임을 말하고, 교과연구회는 동 교과 교사들이 모여 교과 연구를 하는 모임을 뜻하고, 수업 동아리는 수업에 관심 있는 교사들이 자발적으로 모인 소모임을 의미한다. 그런데 수업공동체는 이러한 유사 개념들을 포괄한다. 하지만 구태여 의미를 구분해보면 수업연구모임보다는 실천에 좀 더 강조하고 있고, 동 교과 교사들 중심의 교과연구회보다는 좀 더 포괄적으로 범교과적으로 접근한다는 것이고, 수업 동아리보다는 좀 더 공동체 개념이 강조되어 있다.

수업 공동체는 교사학습공동체의 하위 개념이다. 수업을 주제로 한 교사학습공동체가 바로 수업공동체라는 것이다. 그러므로 수업 공동체의 의미를 이해하려면 교사학습공동체의 개념을 잘 이해할 필요가 있다.

교사학습공동체란 '교사의 전문성 신장과 학생 학습 증진을 위하여 비판적으로 탐구하고 협력적으로 실천하며 끊임없이 실천하는 교사들의 결속체'라고 할 수 있다.[2] 교사들이 학습을 목적으로 일정한 공간에 모여 함께 유대를 맺고 상호 작용하며 성장해가는 공동체이다.[3] 교육 활동에 있어서 문제 해결을 위한 학습과 교육 개선을 위한 현장에서의 실행을 위한 공동 논의가 이루어지는 집단을 말한다.

교사학습공동체의 상위 개념은 학습공동체이다. 학습 공동체는 일반적으로 다음 3가지 조건을 갖추어야 한다.

첫째, 학습공동체는 지식은 구성된다는 관점에서 토대를 두고 있고 학습자를 능동적인 지식 구성자로 본다.

둘째, 학습 공동체는 서로가 가지고 있는 다양한 지식을 공유하고, 교류하며 지식을 탐구한다. 협동학습, 협력학습, 상호 교수 등의 학습 공유 시스템을 이용한다.

셋째, 학습공동체는 모두가 다 같이 지식 구성에 참여하고 모두가 같이 공유하는 집단 지식을 구성한다.

교사학습공동체는 이러한 학습공동체를 기본 토대로 해서 교사가 주체

---

2   서경혜, "교사학습공동체", 학지사, 2015
3   김연주, '학교 밖 교사학습공동체 리더들의 교사 리더십 연구', 서울대 대학원 석사학위
      논문, 2011

가 되어 운영하는 학습공동체를 말한다.

교사학습공동체는 다음의 전제를 가지고 있다.

첫째, 교사의 학습은 일방적인 전수가 아니라 자유로운 교류와 공유를 통해 이루어진다.

둘째, 교사의 학습은 교직 전문 지식을 흡수, 축적하는 방식이 아니라 비판적인 탐구를 통해 이루어진다.

셋째, 교사의 학습은 교사 개인의 전문성 신장은 물론 교사학습공동체 공동의 집단 전문성 신장을 목적으로 하며 궁극적으로 학생들의 학습 증진을 목적으로 한다.

교사학습공동체는 전문가학습공동체이기도 하다. 전문가는 특정 분야의 전문성을 가진 사람을 의미한다. 학습은 끊임없는 탐구와 향상을 의미한다. 공동체는 공동의 가치와 비전으로 결집된 단체를 말한다. 효율적 체계, 기능적 구조, 위계적 질서를 특징으로 하는 조직과 달리 공동체는 상호 협력, 정서적 지원, 개개인의 성장을 특징으로 한다. 전문가학습공동체는 공동의 가치와 비전을 가지고 끊임없이 그들의 실천을 탐구하고 향상시켜 나아가는 전문가 집단을 말한다. [4]

수업 공동체의 특징

수업 공동체는 리더십 공유, 가치, 비전 철학의 공유, 학생의 학습 강조, 나눔과 공유, 교사 협력, 반성적 대화와 실천, 학습에의 지속적인 투자 등이 나타난다.

4   서경혜(2015), 위의 책

⁵ 리더십의 공유

어느 공동체이든 간에 첫 시작 단계에서는 헌신된 리더로 인하여 이루어진다. 리더의 영향력이 다른 구성원들에 비해 크다. 그런데 어느 정도 시간이 지나가고 수업 공동체가 안정 단계에 이르게 되면 구성원들의 역량이 커지게 되면서 자연스럽게 특정 리더의 영향력은 줄어들면서 리더십도 공유하게 된다. 구성원들이 집단 지성의 힘을 경험하면서 수업 공동체가 안정적으로 운영된다. 나만 잘하는 것이 아니라 우리가 잘하는 것이 중요하다는 것을 깨닫게 된다. 일은 나누고 힘은 합치는 것이다.

• 가치, 비전, 철학, 규범의 공유

수업 공동체는 교육과 수업에 대한 가치와 비전, 철학을 공유한다. 단지 좋은 아이디어에 동의하는 것이 아니라 교사 개인과 수업 공동체, 학교에서 무엇이 중요한 지를 공유하는 것이다. 가치와 비전에 토대를 두고 수업 공동체의 규범이 자연스럽게 만들어진다. 모임은 몇 번을 하는지, 모임은 구체적으로 어떻게 운영되는지, 회비는 구체적으로 얼마인지, 모임 참여의 책임과 의무가 구체적으로 무엇인지가 합의를 통해 마련된다.

• 교사들의 학생 학습에 대한 강조

수업 공동체는 교사의 수업 성장에 초점을 맞추지만 그것은 학생의 배움과 직접적으로 연결되어야 한다. 교사들만의 지적 호기심을 단순하게 충족하기 위한 자리가 아닌 것이다. 대학원 진학이나 교육전문직 시험을 위한 스터디 모임이 아니다. 수업 공동체는 학생들의 배움을 증진하기 위해 교사들이 어

---

5   서경혜(2015), 위의 책

떻게 가르쳐야 할지를 구체적으로 고민하는 것이다.

• 나눔과 공유, 그리고 교사 협력

수업 공동체 구성원들은 수업 전문성을 위해 수업과 관련한 생각, 정보, 경험, 자료 등을 공유하고 이를 교실에서 실천한다. 구성원들의 신뢰 관계를 바탕으로 협력적인 문화가 자연스럽게 형성된다. 다른 동료 교사의 성공을 자기의 성공처럼 기뻐하고, 실패의 경우, 자기 실패처럼 여기며 격려한다.

• 반성적 대화와 실천

서로의 수업 고민을 나누고 수업 실천 경험에 대하여 이야기를 한다. 이를 통해 자신의 수업 실천 너머의 신념, 철학, 교사의 내면을 돌아보게 된다. 끊임없이 수업에 대하고 고민하며 배움을 증진할 수 있는 새로운 수업 방식을 직접 실천해본다. 그 결과가 좋으면 그 이유가 무엇인지 분석하고 칭찬한다. 반대로 그 결과가 좋지 않으면 그 이유가 무엇인지 분석하고 그 해결 방안에 대하여 함께 고민한다.

• 학습에의 지속적 투자

수업 공동체의 핵심은 학습이다. 여기서 말하는 학습은 지식의 단순한 수용이 아니라 연구를 통해 자기 지식을 만들어 가는 과정을 말한다. 자유로운 교류와 공유를 통해서 학습이 이루어진다. 비판적 탐구 활동과 집단 지성을 통해 전문적 지식과 경험을 습득해간다. 더 나은 수업을 위해 수업 공동체 구성원들이 함께 연구하고 학습하며 실천한다. 학습에 대하여 지속적인 투자를 통해 함께 성장해 나간다.

집단 지성

수업 공동체는 집단 지성을 경험하는 공간이다. 피에르 레비(Pierre Levy)는 개인 지성의 반대 개념으로 집단 지성을 제시한다. 집단 지성은 모두에게 분산된 지성, 끊임없이 진화하는 지성, 실시간으로 조정되는 지성, 유감없는 기량 발휘로 나타나는 지성을 말한다.

- **모두에게 분산된 지성**

모든 것을 아는 사람은 없다. 그러나 우리 모두는 무엇인가를 알고 있다. 모든 사람은 지성임을 가정한다.

- **끊임없이 진화하는 지성**

지성은 끊임없이 진화한다. 타인의 지성을 무시하거나 억압한다면 집단 지성은 발전할 수 없다.

- **실시간으로 조정되는 지성**

디지털 기술, ICT 발달로 인하여 집단 지성은 실시간으로 조정된다. 온라인 소통을 통해 시공간의 제약을 넘어 서로의 지성을 자유롭게 공유, 교류하고 실시간으로 조율하면 집단 지성을 생성하고 발전시킬 수 있다.

- **유감없는 기량 발휘로 나타나는 지성**

상호 인정과 존중을 토대로 개인의 능력을 최대한 개발하는 것을 돕는다. 모두가 똑같은 소리를 내는 것이 아니라 각자 서로 다른 음을 내되, 화음을 만들어내는 것이다.

수업공동체의 학습 원리

수업 공동체의 학습 원리는 세 가지가 있다. 즉, 나눔과 공유, 개입과 수용, 변용과 실천이다. [6]

• 나눔과 공유

수업 공동체 안에서 구성원들은 자기 수업 고민, 수업 실천 사례와 경험, 학습 자료 등을 공유한다. 다른 교사들의 시행착오와 성공 경험을 공유하여 시행착오를 줄이고 성공 경험을 늘이는 것이다. 개인주의 한계에 갇혀있는 교사는 개인의 노력에 따라 어느 정도까지는 성장하지만 그 이상 성장하기는 힘들다. 하지만 집단 지성에 참여하는 교사는 개인의 한계를 극복한다.

• 개입과 수용

수업 공동체 안에서 반성적인 대화를 통해 자기 수업을 생생하게 언어와 자료의 형태로 재현한다. 상호 신뢰를 바탕으로 숙련 교사가 동료 교사의 수업 행위에 대하여 개입하여 조언을 하거나 도움을 준다. 이러한 개입의 과정을 통해 시행착오의 과정을 줄인다. 반대로 수업 공동체 구성원은 숙련 교사의 조언과 도움에 대하여 수용적으로 받아들이고 자기 지식과 경험으로 전환한다. 교사들의 학습 행위가 공동체 지향적이 되어야 한다.

---

6   김성천, '교사자율연구모임을 통한 교사 전문성 신장 과정', 성대교육대학원 박사학위
     논문, 2007

• 변용과 실천

특정 수업 이론 그대로 기계적으로 적용하는 것이 아니라 한국적 상황과 자기 교실 상황에 맞게 적용하는 것이다. 특정 수업 이론이나 모형을 교실에서 기계적으로 적용하거나 맹목적으로 실천하는 것이 아니다. 배운 것을 실천함으로써 그것을 검증하고 심화시켜 자기 것으로 만들어 가는 것이다. 교사가 수업 이론과 모형을 공부할 때 특정 담론에만 빠져서 편식하듯이 독서를 하거나 무비판적으로 적용해서는 안 된다.

수업 공동체의 다양한 유형과 단계

수업 공동체는 다양한 유형이 존재한다. 수업 친구, 수업 수다, 독서 토론 모임, 수업 나눔, 공동 수업디자인 모임, 교육과정 재구성 모임 등으로 운영될 수 있다.

• 수업 친구

수업 친구란 수업 고민을 나눌 수 있는 동료 교사와 친구를 만들어 상호 피드백하는 방식이다. 경력과 상관없이 상호 신뢰 관계를 기반으로 두 명부터 시작할 수 있다. 비슷한 개념으로 수업 커플제도 있다. 그런데 수업 친구와 멘토링은 개념상 약간 다르다. 멘토링은 숙련 교사가 비숙련 교사에게 자신의 지식과 경험을 전수하는 것이지만 수업 친구는 수평적 관계에서 이루어진다는 점에서 약간의 차이가 있다.

• 수업 수다

수업 수다란 수업에 대한 고민을 편안하게 나눌 수 있는 모임을 말한다. 대개 수다란 비공식적인 자리에서 자유롭게 이야기하는 것을 말하는데 수업 수다 란 공식적인 자리에서 수업 고민을 자유롭게 나눌 수 있도록 하자는 것이다.

• 독서토론 모임

독서 토론 모임은 수업과 관련한 책을 다함께 읽고 책 소감을 나누면서 자연 스럽게 수업에 대한 고민과 해결방안을 찾아보는 모임이다. 책을 통해 자기 수업 고민을 간접적으로 표현하고 나눈다. 직접 강사의 강의를 듣는 연수보 다 독서토론모임이 효과적이다. 왜냐하면 학습자 입장에서 강의를 듣는 것 은 수동적인 행위이지만 독서토론 모임에 참여하는 것은 능동적이고 적극적 인 행위이기 때문이다.

• 수업 나눔

그에 비해 수업 나눔은 자기 수업을 직접 공개하고 이를 통해 수업 고민을 나 누고 해결 방안을 다함께 모색한다. 수업 나눔의 핵심은 수업자의 수업 고민 거리에 대한 해결책을 제시하는 것이 아니라 해결 방안을 함께 모색하는 것 이다. 수평적 동료 신뢰 관계를 바탕으로 수업 문제를 접근한다는 것이다.

• 공동 수업디자인 모임

공동 수업디자인 모임은 수업하기 전에 동료 교사들이 모여 수업자의 수업 계 획안(핵심 질문, 학습지 등)을 중심으로 상호 피드백하여 공동으로 수업디자인을 하는 모임을 말한다. 집단 지성을 활용하여 수업을 준비하는 모임이다. 공동 수업디자인 모임의 경우, 이 경우로만 그치지 말고 수업 나눔 활동과 병행하면 좋다.

- **교육과정 재구성 모임**

수업을 고민하게 되면 자연스럽게 교육과정 문제를 고민할 수밖에 없다. 범교과적 접근을 하거나 학교 교육과정 차원에서의 접근이 필요할 때 교육과정 재구성 모임을 하면 좋다. 교육과정 재구성 모임은 테스크포스(Task Force, TF) 모임 형태로 운영할 수 있겠지만 수업 공동체의 발달 단계에 따라 자연스럽게 발전하는 것이 가장 좋다.

대개 수업 공동체는 다음의 단계를 통해 발전해 나간다.

수업 공동체를 시작할 때는 참여자들에게 부담이 적은 수업 수다로 시작하면 좋다. 참여자들의 수업 고민을 자유롭게 나눌 수 있는 공간을 마련하는 것이다. 수업 고민을 나눌 수 있는 동료 교사가 많지 않다면 단 한 명이라도 그와 수업 친구로 시작하는 것이다.

수업 수다를 통해 서로에 대한 신뢰 관계가 어느 정도 형성되면 간접적인 수업 공유 방식인 독서 토론 모임을 하는 것이다. 수업 관련 책을 읽고 그 소감을 나누는 것이다. 수업 관련 연수를 함께 참여하는 것도 좋은 방법이다.

수업 나눔은 수업 고민을 공유하는 것을 넘어서 해결 방안을 공동으로 모색하는 것이다. 수업 나눔은 안전한 공간을 전제로 수업 고민에 대한 해결 방안을 찾아가는 것이다. 그런데 수업 나눔은 수업 사후 접근 방식이고 일종의 귀납적인 접근이라고 할 수 있는데, 어느 정도가 지나가면 한계가 느껴진다. 이때 합의를 통해 그 다음 단계인 사전에 공동으로 수업디자인을 함께 하는 것이다. 일종의 연역적인 접근을 통해 수업에 대하여 보다 적극적이고 공동체적인 대안을 마련하는 것이다. 집단 지성을 통해 수업 디자인 역량을 증진시킬 수 있다. 공동 수업디자인 모임 단계까지 진행되면 자연스럽게 교육과정 재구성 모임 등으로 발전해갈 수 있을 것이다.

학교 분위기와 수업 공동체 수준에 따라 단계별로 수업 공동체가 진행되면 좋다. 다음 단계로 넘어갈 때는 수업 공동체 구성원들의 필요에 따라 점진적으로 진행하면 좋다.

수업공동체는 학교를 기준으로 학교 안 수업공동체와 학교 밖 수업 공동체로 나눌 수 있다. 우리나라 공립학교의 경우, 순환 근무제 방식으로 인하여 한 학교에 오랫동안 근무하기가 쉽지 않다. 사립학교의 경우라도 학교 안 교사학습공동체가 시간이 흐르면 동호회 모임처럼 흐르는 경우가 많다. 그래서 학교 밖에서 그 해결 방안을 찾는 경우가 생겼다. 학교 안 수업 공동체가 발달한 다른 나라들에 비해 우리나라의 경우, 학교 밖 수업 공동체가 매우 발달되어 있다. 학교 밖 수업 공동체는 학교 밖에서 교사들이 자발적, 자율적, 주체적인 의지를 가지고 질 높은 수업을 위해 정기적인 모임을 갖는 교사학습공동체를 말한다. 대개 학교 안 수업공동체에 비해 학교 밖 수업 공동체가 교사운동적인 성격을 가지고 자율적으로 운영되는 경향이 있다. 이 책에서는 여러 종류의 수업 공동체 모임의 성격과 운영 방안에 대하여 세부적으로 소개하려고 한다. 이를 통해 교사들이 수업공동체를 통해 자신의 수업 전문성 신장 뿐 아니라 다른 동료 교사들에게 선한 영향력을 발휘하길 소원한다.

2장.
수업 공동체 시작하기

수업 친구

예전에 필자의 경우, 새 학교로 옮기자마자 동 학년 동 과목을 가르치는 동료 교사를 찾아갔었다. 예전 학교에서 1년 동안 수업했던 경험을 정리한 수업 성찰 일지를 출력하여 선물로 드렸다. 처음에는 그 선생님이 당황했다. 전근 온 선생님이 오자마자 자기가 1년 동안 수업한 내용을 선물로 주었으니 입장을 바꾸어서 생각해 보면 충분히 그러할 만한 상황이었다. 수업 시간에 활용할 학습지를 1주 전에 완성하면 그것을 가지고 가서 그 선생님께 드리면서 필요하면 그 선생님에게도 학습지를 만들어 드리겠다고 했다. 평가는 동 학년에서 함께 해야 했기에 그 선생님은 학습지를 챙겼다. 3-4주 정도 반복해서 학습지를 가져다 드리니까 그 학습지를 구체적으로 어떻게 활용하는지 물어보았다. 자연스럽게 내 수업에 대한 이야기를 하였다. 한번은 수행 평가로 UCC 활용 수업을 준비하니까 선생님이 구체적으로 어떻게 하는 것인지 물었다. 그래서 어떻게 UCC 활용 수업을 하는지에 대하여 설명하였고, UCC 제작 방법까지 가르쳐 드렸다. 그러면서 자연스럽게 수업에 대한 이야기를 할 수 있는 관계로 발전하였다. 나중에는 그 선생님도 자기 수업에 대한 고민과 아이디어를 나누었다.

친구란 자기와 친한 사람을 말한다. 친구끼리는 대개 마음을 터놓고 자기 고민을 이야기하고 서로 도움을 주고 받는다. 친구는 수직적 관계가 아니라 수평적 관계를 기반으로 한다.

수업 친구도 마찬가지이다. 수업에 대한 고민을 나누고 서로 도움을 주고 받는다. 지식과 경험이 많은 숙련된 교사가 그렇지 않은 비숙련 교사를 도와

주는 멘토링(mentoring)과는 차이가 있다.

가장 손쉽게 수업 친구를 만들 수 있는 방법은 자기 주변에서 친하게 지내는 동료 교사 중 수업 고민을 나눌 수 있는 교사를 찾는 것이다. 초등학교라면 동 학년 교사, 중등학교라면 동 교과 교사라면 더욱 좋을 것이다. 하지만 수업 친구를 만들 때 연령이나 과목 여부는 부차적인 것이다. 편하게 자기 수업 고민 이야기를 나눌 수 있으면 된다.

수업 친구끼리 할 수 있는 좋은 방법 중의 하나가 학습지 등 수업 자료를 공유하는 것이다. 초등학교의 경우, 동 학년 교사, 중등학교의 경우, 동 과목 교사 중에서 친한 교사와 수업 친구를 맺으면 수업 자료 공유 자체만으로도 서로에게 큰 힘이 된다. 물론 초등학교의 경우, 인디스쿨 등 온라인을 통해 해당 학년 학습지 등을 공유하고 활용하고 있지만 같은 학교 안에서 직접 나눌 수 있다면 오프라인만의 장점을 경험할 수 있을 것이다.

수업 수다

일반적으로 수다란 여러 사람들이 편안하고 자유롭게 이야기하는 것을 말한다. 다른 한편으로는 수다를 쓸데없이 말을 많이 하는 행위로 생각하여 다소 부정적으로 이야기하는 경우도 있다. 수업 수다란 수업에 대한 고민을 편안하고 자유롭게 이야기하는 것이다. 수업이라는 주제를 가지고 참여자들이 자유롭게 이야기하는 것이기 때문에 쓸데없이 말을 많이 하는 것은 아니다.

수다는 친한 사람들끼리 비공식적인 자리에서 주제와 상관없이 이야기하는 것이다. 대개 교사들끼리 모여서 수다를 하면 학생들 생활 지도나 학교 관리자에 대한 이야기들로 흐르는 경우가 많다. 그런데 수업 수다는 친한 동료 교사들끼리 공식적인 자리에서 수업이라는 주제에 맞추어 자유롭게 이야기하는 것이다. 학년협의회나 교과협의회, 교사학습공동체 등에서 수업에 대한 이야기를 자유롭게 이야기할 수 있도록 하는 것이다.

수업 일기 및 상호 일상 수업 공개

수업 친구들끼리 수업 수다에서 수업 일기(수업 성찰 일지)를 나누는 것도 좋은 방법이다. 수업 일기란 수업에서 일어나는 것을 기록하고 자기 수업을 분석하거나 소감을 자유롭게 기록하는 것이다. 수업 일기를 쓰는 과정을 통해 자기 수업을 성찰할 수 있고, 수업 일기 나눔을 통해 수업에 대한 고민을 보다 명확하고 효율적으로 정리하여 나눌 수 있다.

[수업 일기 사례]

• 단원 : V-3. 왜란과 호란 (2) 광해군의 외교 정책과 병자호란

1. 지난 글쓰기 피드백

[임진전쟁(임진왜란), 7년간의 전쟁의 책임은 누구에게 있을까]의 주제로 쓴 글쓰기에서 많은 학생들이 A: 일본 정치 세력(도요토미 히데요시 등), B: 조선 정치 세력(왕, 관료층 등), C: 기타(신립 등 무장들, 백성들, 명나라 등) 중에서 많은 학생들이 A+B에게 책임이

있다고 글을 썼다. 일본 정치 세력은 이웃 국가를 침략해서 전쟁을 일으켰고 조선 땅을 황폐화시킨 장본인이기 때문에 책임이 있고, 조선 정치 세력은 국방의 대비를 소홀히 했으며, 전쟁이 임박해서도 무사안일한 태도로 일관했고, 전쟁이 터지자 왕과 관료들은 백성들을 돌보는 것이 아니라 도망을 치기에 급급한 모습을 보여 전쟁이 장기화되고 피해가 커진 부분에 책임이 있다고 서술했다. C는 그 밖의 부분을 여지를 남겨놓았는데, 학생들 중의 몇몇이 신립 등 무장들, 명나라의 책임을 언급하기도 했다. 글쓰기 과정에서 몇몇 문제가 있는 주장도 있었다. 예를 들어 한 학생은 백성들이 전쟁의 책임이 있다고 설명했는데, 임진왜란 당시 백성들이 조선 왕조에 대한 분노로 난을 일으킨 경우를 언급하며(이몽학의 난 등) 일본과의 전쟁 중에 일어난 백성들의 난이 전력을 약화시켜 전쟁을 장기화 시켰다고 서술했다. 일본이 자국의 부와 사무라이 세력의 불만을 약화시키기 위해 타국을 침략한 것은 일본 백성의 입장에서는 지지를 받을 수 있는 부분이라거나, 전근대 시기 전쟁은 자주 있었기 때문에 이 부분에 굳이 책임을 지울 필요가 없다는 주장도 있었다. 그렇다면 조선이 주변국을 향해 전쟁을 일으켰다면 당시 조선의 백성으로서 그 전쟁을 지지할 수 있을까? 이런 서술이 나온 학생들 학급에서 '이 쟁점들은 이후 우리가 한번 토론해 보았으면 좋겠다.'고 얘기했다. 그랬더니 토론을 당장 하고 싶다는 아이들도 있었다. 나 스스로도 당장 이 문제를 짚고 넘어가지 못해 사실 좀 불안했지만, 진도가 많이 느린 학급이라 차후로 미뤘다. 나중에 할 수 있을까?

자신이 쓴 글에 대해서 이야기를 하는 것을 아이들이 무척 좋아한다는 것을 다시 한 번 느꼈다. 아이들이 좋아하니 나도 좋았다. 내가 한 수업 중 첫 번째로 좋아하는 시간으로 글쓰기 피드백 시간을 꼽을 수 있겠다.

• 단원 : VI-1. 정치 운영의 변화 (1) 붕당정치의 변질과 탕평책

2. 진도에 대한 고민

진도가 급해졌다. 빠른 진도를 위해서 한 차시는 [교과서 보고 학습지 풀어보기 + 강의 + 학습지 정리 및 짧은 의견 쓰기(1-2줄)]로 진행했다. 광해군의 외교 정책과 인조반정, 인조의 친명배금 정책을 설명하고 "나였다면 어떤 광해군과 인조 중에서 어떤 대외정책을 지지할 것인가"라는 의견을 묻는 학습지였다. 글쓰기까지는 아니지만, 자신의 의견을 써 보도록 하는 것이 수업의 마무리로 필요하다고 생각되었다. 시간이 다소 남는 반에서는 의견을 발표시켰다. 전쟁을 피하기 위한 광해군의 중립외교정책을 지지하는 학생들이 다수였고, 의외로 인조의 친명정책을 지지하는 학생들도 있었다. 한 국가의 왕이 '의리'를 저버려서는 안 된다는 주장이었다. 조선과 오랜 우호 관계를 유지했던 명나라와 함께 힘을 합쳐서 후금에 대항했어야 한다는 주장도 있었다. 학생들이 광해군이 폐위 당하게 된 부분과 병자호란에서 인조가 굴욕적인 강화를 맺는 부분 설명에서 몰입도가 높아졌다. 수업을 하며 기분이 좋은 순간 두 번째는 나의 강의가 아이들에게 잘 이해되고 집중되어 아이들의 몰입이 느껴질 때이다.(숨소리도 조용히 하며 다음 이야기를 기다리는 아이들의 표정) 약 7분 이상의 강의를 할 때 이런 몰입도가 높아지기 위해서는 역사적 스토리에 궁금증이 생길만한 질문이 적절히 배치되어야 하는데, 이번 시간의 강의 중 질문들은 "광해군은 왜 왕자 때 이름을 그대로 쓸까. 조선 왕조 500년간 광해군은 왕의 시호를 결국 받지 못했는데, 그에 대한 평가는 연산군과 비슷할 수 있을까?","명이 원군을 요청하고 후금은 잠자코 있으라고 하는데, 광해군은 고민에 빠졌다. 당시 신하들은 뭐라고 의견을 냈고, 광해군은 어떤 결정을 내렸을까?","광해군은 폐위 후 어떻게 되었을까?","인조의 친명 정책에 대해서 후금은 어떤 태도를 취했을까" 등이었다.

두 번째 수업은 북벌운동과 북학론, 조선의 붕당 정치와 그 변질에 대한 수업이었다. 이

수업은 의견 쓰기 시간이 없이 [강의 + 학습지(20번 프린트) 정리 + 교과서 보고 학습지(21번 프린트) 풀어보기 + 강의 + 학습지 정리]로 마무리하였다. 이 수업에서는 병자호란 이후 북벌운동과 북학론 설명을 15분 정도 진행하고, 나머지 15-20분은 조선의 붕당 정치와 그 변질에 대해 수업하였다. 앞부분에서는 "광명시에 있는 영휘원은 누구의 무덤일까?(소현세자의 세자빈 강빈의 무덤)","청 문물을 소개하는 소현 세자에게 왜 인조는 벼루를 던졌을까","왜 현실성 없는 북벌운동에 인조와 효종, 서인 세력이 집중했을까" 등의 질문을 통해 강의를 해나갔고, 뒷부분은 질문 없이 빠른 설명으로 붕당 정치와 그 변질에 대해서 강의했다. 아이들은 앞부분 강의에서 몰입도가 높았고, 뒷부분은 강의가 수업 중 두 번째여서 인지, 아니면 소재의 흥미도가 떨어져서인지, 스토리를 재밌게 해주는 질문이 없어서인지 지루해하는 모습이었다. 강의를 주로 할 때는 학급에서 조는 학생이 있거나 지루해 하는 학생이 있어 힘이 빠지기도 했다.

조금 빨리 끝나는 학급에서는 밥 딜런의 노벨 문학상 수상 소식을 들려주고, 음악을 들려주었다. Knocking on Heaven`s Door 와 Blowing In The Wind 두 곡을 들려주며, 밥 딜런의 성향과 대중가요 가수가 노벨 문학상을 받게 된 부분에 대해 논쟁이 있다는 것을 설명했다. 우리나라 산울림, 김광석 등 많은 포크송 가수들에게 영향을 미쳤다고도 설명해줬다. 나는 매우 즐거웠는데 아이들은 그다지 관심도가 높진 않았다. 그러고 보니 수업 중 내가 즐거운 시간 세 번째, 이렇게 수업과 관계가 있든 없든 내가 관심 있는 음악을 듣고 얘기를 할 때 아이들의 호응이 높으면 수업 시간이 즐겁다. 올해는 아니지만, 예전 조선 건국 초 수업에서 어떤 블로그를 이용했는데, 그 블로그는 퓨전 전통 음악을 배경으로 이방원의 하여가와 정몽주의 단심가가 눈에 띄는 글씨체로 적혀 있었다. 무려 짤막한 만화 2-3컷과 함께. 블로그를 넘겨가며 이 시를 읽어주고, 정몽주와 정도전(이방원)의 주장에 대해 자기 생각을 쓰는 시간을 가졌는데, 아이들의 호응도 높고 내 스스로도 수업을 하면서도 매우 즐거웠던 기억이 있다.

수업 친구들끼리 자신의 일상 수업을 공개하는 것이다. 공개 수업은 보여주기를 위해 구조화된 수업을 진행하는 경우가 많지만 그러한 수업이 일상 수업과는 다르기에 공개 수업에 대한 피드백이 일상 수업의 성장으로 연결되지 않는 경우가 많다. 그런데 수업자 입장에서 일상 수업을 공개하기가 쉽지 않다. 일상 수업에서는 수업자의 장점 뿐 아니라 단점도 고스란히 드러날 수 있기 때문이다. 하지만 서로 신뢰 관계가 있는 수업 친구끼리는 일상 수업의 공개가 상대적으로 잘 이루어질 수 있다.

수업 공개가 다소 부담스럽다면 자기 수업 동영상을 보고 수업 성찰 일지를 써서 나누는 것도 좋은 방법이 될 수 있다.

[자기 수업 동영상을 보고 수업 성찰 일지 쓰기 사례]

〈자기 수업 동영상을 보고 소감문 쓰기〉

이번 나의 수업 동영상을 보는 건 무척이나 새롭게 느껴졌다. 40분 동안 수업을 이끌어가며 학생들과 호흡하는 나의 온전한 모습이 담겨있기 때문에 마치 벌거벗은 나를 보는 것처럼 낯설기도 하고 신기했다. 내가 한 수업을 관찰자의 입장에서 바라보니, 평소에는 생각하지 못했던 것들이 보이기 시작했고 좀 더 객관적으로 분석할 수 있었다.

먼저 수업을 하는 데 있어서 아이들이 집중하고 잘 따라오는 모습들이 참 기특하면서도 고마웠다. 발표할 때에도 서로 하겠다고 적극적으로 손을 드는 아이들. 아이들이 초롱초롱한 눈으로 선생님을 바라보고 수업에 집중하는 모습은 교사로 하여금 힘을 내게 하는 원동력인 것 같다. 아이들에게 흥미를 유발하고, 교사와 학생 모두가 수업을 즐겁게 하기 위해서 매 수업마다 그 시간을 소중히 생각하고, 수업준비에도 게을리 하지 말아야겠다는 생각을 했다.

수업 중간에 질문이 있어 손을 들고 있는 한 학생을 계속 방치하다 뒤늦게 반응해준 것을 화면으로 직접 보니 너무 미안했다. 수업 나눔 때 질문을 받고 화면을 보면서도 내 스스로 잘 이해가지 않았었는데, 수업동영상을 찬찬히 다시 살펴봐도 내 행동에 어떤 이유가 있는지 잘 파악할 수 없었다. 또한 아이들의 발표와 어떤 발문에 대한 대답을 좀 더 의미 있게 반응해주지 못한 것에 대해 아쉬웠다.

나를 낯설게 보는 것부터 시작인 것 같다. 익숙함에서 벗어나 나를 낯설게 바라보는 것. 용기 있게 시작하고 싶다. 아이들에게 좀 더 '좋은 교사'가 될 수 있다면.

수업 친구들끼리 공동의 관심사를 주제로 연수를 함께 참여할 수 있다. 만약 프로젝트 학습에 관심이 있다면 수업 친구들끼리 함께 수강해보고 공동으로 실천해 보는 것이다.

최근 일부 학교에서는 수업 공동체 안에서 수업 친구(커플) 제도를 함께 운영하는 경우도 있다. 그래서 어떤 수업자가 수업 공개를 하면 그 수업자의 수업 친구가 수업 공개와 관련한 모든 일을 챙겨주는 것이다.

수업 공동체 활동의 기본 원리와 관계 세우기

수업 공동체 활동의 기본 원리는 자발성과 전문성, 그리고 관계성이다. 수업 공동체는 자발적으로 참여해야 수업자의 수업 성장의 효과가 크다. 아무리 좋은 활동도 의무적으로 강제하면 그 효과가 반감될 수밖에 없다. 물론 여러 가지 현실적인 이유로 인하여 수업 공동체에 자발적으로 참여하지 않을 수 있다. 이런 경우라도 수업 공동체가 필요하고 자기에게 의미 있는 활동을 경험하게 함으로써 자발적인 의지가 생길 수 있도록 해야 한다.

수업 공동체는 전문성을 지향해야 한다. 수업 공동체는 수업을 연구하고 실천하는 모임이기 때문에 수업에 대한 전문성을 강화하는 방향으로 진행되어야 한다. 수업 공동체 활동에 참여했는데, 자기 수업 고민에 대한 해결이 이루어지지 않으면 지속적으로 수업 공동체 활동에 참여하기 힘들 것이다. 또한 이 경우, 명칭만 수업 공동체일 뿐 실제적으로는 친목 모임으로 변질될 수 있다.

수업 공동체를 유지하는 힘은 관계성이다. 수업 공동체 구성원들 간의 신뢰 관계를 유지해야 수업 공동체가 잘 발전할 수 있다. 그러기 위해서는 수업 공동체가 안전한 공간이 되어야 한다. 만약 수업자가 자기 수업의 어려움과 고민을 수업 공동체 안에서 힘들게 이야기했는데, 그 이야기가 수업 공동체 밖의 교사들에게도 알려지게 되면 더 이상 안전한 공간이 되길 힘들 것이다.

관계는 사회적 상호 작용, 친밀성, 신뢰성 측면에서 생각해야 한다. 사회적 상호 작용은 구성원들 간에 말과 행동에 활발하게 오고가는 것을 말한다. 그래서 수업 공동체 모임에서는 누구나 한 번 이상 자기 이야기를 할 수 있는 기회를 주는 것이 좋다. 만약 구성원들 중 혹시 말하는 것을 꺼려한다면 이를 인정할 수 있을 것이다. 하지만 이러한 경우라면 모임 마무리 단계에서 오늘 수업 공동체 모임에 대한 참여 소감을 짧게 라도 나눌 수 있도록 하는 것이 필요하다.

친밀성은 긍정적인 감정을 공유하는 것이다. 수업 공동체 구성원들끼리 수업 이야기를 하지 않아도 만남 자체가 즐겁고 편안한 관계로 만들 수 있어야 한다는 것이다. 친밀성은 그냥 생기는 것이 아니라 수업 공동체 차원에서 친밀성을 나눌 수 있는 기회를 만들어야 한다. 수업 공동체 차원에서 회식을 하거나 MT를 가면 좋다. 함께 식사하는 것은 배고픔을 해결하는 것 이상의 의미를 가지고 있다. 식사하면서 자연스럽게 대화를 할 수 있는 기회를 가지기 때문이다. MT는 일종의 특별함(이벤트)이다. 어떤 공동체 모임이든 간에 일상과 특별함이 조화를 이루어야 좋다. 일상의 지루함을 깨주는 것이 특별함이다. 이러한 특별함(이벤트)이 MT이다. 그래서 MT는 일상 공간보다는 특별한 공간이 좋다. 좋은 여행지로 이동하여 이야기할 수도 있지만 다른 학교들 중 좋은 학교를 찾아 탐방하는 것도 의미 있다. 필자의 경험에 의하면 1년 1-2회 정도는 MT를 하는 것이 좋았다. 함께 숙박하면서 이야기하는 것이 가장 좋지만 만약 숙박이 부담스럽다면 당일치기라도 좋다.

신뢰성은 구성원들 상호 간에 사랑하고 존중하는 것을 말한다. 신뢰성은 수업 공동체 모임 안에 모임 규칙을 세우는 것으로 시작하면 좋다. 수업자의 비밀 이야기(내지 부정적인 내용)는 절대로 수업 공동체 모임 밖으로 이야기하지 않기, 서로에게 대하여 비판하지 않기, 모임 시작 시간과 마침 시간을 준수하기 등을 정하는 것이다. 모임 규칙을 어겼을 때는 그에 맞는 제재 방안도 함께 마련하는 것이 필요하다. 친밀성이 시간이 지나면 자연스럽게 신뢰성으로 발전할 수 있겠지만 친밀하다고 해서 늘 신뢰적 관계로 연결되는 것은 아니다.

〈수업공동체 규칙〉

1. 원칙적으로 모임 안에서 이야기한 것을 모임 밖 다른 사람에게 이야기하지 않는다.

2. 다른 사람의 이야기에 대하여 비판하지 않는다.

3. 다른 사람의 이야기를 경청한다. 중간에 말허리를 자르지 않는다.

4. 모임 시간을 준수한다. 적게 모여도 모임은 정시에 시작하고 정시에 마친다.

5. 모임을 시작할 때는 1분 근황 토크, 모임을 마칠 때는 1분 참여 소감을 말한다.

6. 모임에서 전체적으로 이야기한 것은 기록으로 남긴다.

7. 1학기에 1번 정도 회식 내지 MT를 간다.

다양한 관계 세우기 활동

수업 공동체를 시작할 때 활용하면 좋은 다양한 관계 세우기 활동들을 소개하면 다음과 같다.

포토 스탠딩 활동 및 사물 비유

"어떤 주제에 대하여 그림(사물)을 통해 자유롭게 이야기할 수 있다."

[진행 방법]

1. 참여자들에게 이미지 카드 세트를 배부한다.

2. 각자 참여자들이 자기의 마음 상태를 잘 표현하고 있는 그림을 1-2장 정도 선택한다.

3. 참여자들이 돌아가며 자기가 선택한 이미지를 보여주며 그 이유에 대하여 말한다.

 포토 스탠딩 활동을 할 때 기존 이미지 카드를 활용하면 좋다. 현재 도형 욕구 카드, 솔라리움 카드, 생각 카드 등이 나와 있다. 도형 욕구 카드의 경우, 앞면의 간단한 도형 그림을 활용하여 자신의 마음 상태를 선택하여 다른 모둠원들이 알아맞히도록 하고, 이에 대하여 도형 카드를 통해 자기 이야기를 하면 좋다. 도형 욕구 카드 뒷면에는 다양한 욕구들이 제시되어 있는데, 자기에게 소중한 욕구나 충분히 채워지지 않는 욕구 카드를 찾아 그 이유를 모둠원들에게 이야기하면 좋다. 그림 대신 사물을 활용하여 자기를 표현할 수 있다. 이 경우, 공간 안에 있는 사물 중 자기를 잘 표현할 수 있다고 생각하는 것을 한 가지 골라 자기를 소개하는 것이다.

하얀 거짓말 찾기

"세 가지 이야기 중 하얀 거짓말 1가지를 다른 사람들이 알아맞힌다."

[진행 방법]

1. 각자 자기 자신과 관련한 거짓 같은 진실 2가지와 진짜 같은 거짓말 1가지를 기록한다. (예) 나는 혈액형이 B형이다. 나는 재수해 본 경험이 없다. 작년에 자격증을 3가지를 취득했다. 등등

2. 한 사람이 이야기 주인공이 되어 3가지 사실을 말한다.

3. 다른 사람들은 그 3가지 사실 중 거짓말을 찾아 손가락 갯수로 표시한다.

4. 이야기 주인공이 하얀 거짓말이 무엇인지 정답을 말하고 그 이유에 대하여 말한다.

5. 이야기 주인공은 돌아가며 위의 활동을 반복한다.

질문 카드 활동

"참여자들이 질문 카드를 무작위로 선택하여 그 이유에 대하여 이야기한다."

[진행 방법]

1. 빈 카드를 참여자들에게 3장씩 배부한다.

2. 특정 주제를 제시하고 그 주제에 대한 다양한 질문을 빈 카드에 기록한다.

3. 전체 진행자가 전체 카드를 모아 질문 내용이 보이지 않도록 카드 더미를 쌓는다.

4. 참여자들이 돌아가며 질문 카드를 뽑아 그 질문에 대한 자신의 생각을 말한다.

다른 방법으로는 질문 카드를 잘 보일 수 있도록 책상 위에 펼치고 나서 각자 마음에 드는 질문 카드를 선택하여 이야기할 수 있다. 질문 카드는 이미 시중에 나와 있는데, 이러한 질문 카드를 활용하면 손쉽게 이야기를 나눌 수 있다.

나는 누구인가 게임

"꼬마 출석부에 기록된 사람이 누구인지를 알아맞힌다."

[진행 방법]

1. 모둠 참여자들이 꼬마 출석부를 기록한다. 꼬마 출석부에는 다양한 정보를 기록하게 한다. (예시 : 이름, 자기가 좋아하는 음식, 자기를 표현할 수 있는 형용사 3가지, 자기가 싫어하는 음식, 절대 실패하지 않는다면 꼭 하고 싶은 것 등)

2. 진행자가 꼬마 출석부를 모아 무작위로 꼬마 출석부 내용을 읽는다.

3. 나머지 참여자들이 꼬마 출석부 주인공이 누구인지 알아맞힌다. 이때 주인공은 자기가 누구인지 표현하지 않도록 표정 관리를 하도록 한다.

4. 진행자가 정답자에게 간단한 선물을 준다.

꼬마 출석부를 활용하여 퀴즈 방식으로 소개하고 알아맞히는 게임 활동이다. 쉽게 알아맞히는 경우도 있지만 그렇지 않은 경우도 있다.

짝꿍 대신 말하기

"짝꿍을 대신하여 2인칭이 아니라 1인칭으로 소개한다."

[진행 방법]

1. 꼬마 출석부를 각자 기록한다.

2. 두 명씩 짝을 지워 꼬마 출석부 내용을 토대로 상호 소개한다.

3. 짝꿍을 대신하여 전체 그룹에서 1인칭 화법으로 소개한다.

4. 전체 참여자들이 돌아가며 짝꿍을 대신하여 소개한다.

짝꿍 대신 말하기 활동은 경청과 소개 활동을 결합한 활동이다. 다른 사람이 자기를 대신하여 소개하는 것 자체가 낯설고 즐겁게 느껴진다.

돌아가며 칭찬하기

"참여자들이 돌아가며 각자에게 구체적인 이유를 들어서 칭찬을 한다."

[진행 방법]

1. 참여자들 중 한 사람을 칭찬 주인공으로 정해 오른쪽에 앉아 있는 참여자부터 칭찬 주인공을 집중적으로 칭찬한다.

2. 돌아가며 칭찬 주인공을 정해 참여자들이 돌아가며 칭찬한다.

칭찬 샤워 활동

"한 사람을 집중적으로 칭찬하고 가장 좋았던 칭찬을 선택하여 그 이유를 이야기한다."

[진행 방법]

1. 참여자들 중 칭찬 주인공을 한 사람 선정한다.

2. 나머지 참여자들이 자유롭게 칭찬 주인공을 칭찬한다.

3. 칭찬 활동이 마치고 나서 칭찬 주인공이 자기에게 한 칭찬 중 가장 마음에 들었던 칭찬을 이야기하고 그 이유에 대하여 말한다.

4. 가장 마음에 들었던 칭찬을 한 사람에게 간단한 개인 보상을 할 수 있다.

칭찬 샤워 활동은 모임에서 전체를 돌아가며 하는 것보다 모임 때마다 칭찬 주인공을 선택하여 여유를 가지고 집중적으로 칭찬할 수 있으면 좋다. 칭찬은 고래도 춤추게 한다.

돌아가며 격려하기

"돌아가며 이야기하고 반복하고 감정을 읽고 격려한다."

[진행 방법]

1. 참여자들이 원형으로 둘러 앉아 있고 그 중 한 사람을 이야기 주인공으로 삼는다.

2. 이야기 주인공이 자기가 경험한 것 중 최근에 인상 깊었던 사건에 대하여 자유롭게 이야기한다.

3. 다음 순서에 앉아 있는 사람이 이야기 주인공의 이야기를 간단히 요약하여 다시 말한다.

4. 다음 순서에 앉아 있는 사람이 이야기 주인공의 이야기 속에 감추어진 감정과 욕구를 찾아 말한다.

5. 다음 순서에 앉아 있는 사람이 이야기 주인공에게 격려를 한다.

수업 공동체를 비교적 손쉽게 시작하는 법

수업 공동체의 시작은 문제의식을 가지고 있는 교사로부터 시작된다. 수업 공동체 모임의 취지를 알리는 것만으로 동료 교사들이 쉽게 모아지는 것은 아니다. 학교 내 활동들은 모두 긍정적인 취지를 가지고 있기 때문이다. 첫 시작 단계에서 중요한 것은 시작하고자 하는 교사의 캐릭터가 중요하다. 일단 자신이 수업 성장에 대한 욕구가 크고 사심 없는 동기를 가지고 있으며 어느 정도 주변 교사들에게 신뢰를 줄 수 있는 교사가 수업 공동체를 시작하면 쉽게 시작할 수 있지만 그렇지 않으면 첫 모임부터 쉽지 않을 수 있다.

수업 공동체를 시작할 때 수업 친구들을 중심으로 시작하면 좋다. 2명의 수업 친구로 시작하여 주변 선생님들 중 친한 동료 교사를 개인적으로 이야기하여 참여할 수 있도록 하는 것이다. 수업 성장에 관심이 있는 주변 선생님들을 3-4명만 모아도 첫 시작을 잘 이루어질 수 있다. 관계성을 바탕으로 시작하는 것이 가장 안전하고 손쉽게 수업 공동체 모임을 시작할 수 있는 방법이다.

수업 공동체를 시작할 수 있는 방법들 중의 하나는 교사들이 관심이 높은 주제로 선정하여 이에 대한 질 높은 연수를 진행하는 것이다. 이때는 내부 강사보다는 외부 유명 강사나 전문가를 초청하면 좋다. 이 연수를 통해서 좋은 반응을 보인 교사들을 모아 수업 공동체 모임의 시작을 알리고 동참할 수 있도록 격려하면 좋다.

외부 강사를 초청하는 것이 쉽지 않은 경우, 동영상을 활용해도 좋다. 첫 모임 시 교육 관련 다큐를 보고 그 감상을 나누는 것도 좋다. 시작 단계부터 독서로 시작하면 부담스럽게 느낄 수 있지만 좋은 수업 관련 동영상을 보고 자연스럽게 자신의 수업 고민을 나누는 것도 좋은 방법 중 하나이다. 때로는 독서보다 좋은 동영상이 교사들에게 더 큰 감동과 교훈을 수 있다. 수업 관련 다큐 동영상 중 좋은 내용을 소개하면 다음과 같다.

1. EBS, "선생님이 달라졌어요", 2010-2012

-2010년도 "학교란 무엇인가" 10부작 중 5부작인 "우리 선생님이 달라졌어요"편이 좋은 반응이 있어서 따로 이후 작품에 기획되었다. 2011년도, 2012년도 작품들은 수업 코칭 사례도 풍부하고 초중고 사례도 구분되어 있다. 다양한 사례들 중 우리 학교 상황에 맞는 것을 고르면 좋다.

2. EBS 다큐 프라임 "왜 우리는 대학을 가는가?-말문을 터라", 2014

-오바마 미국 대통령 국내 인터뷰 사건, 질문의 중요성, 우리 교실 문화의 문제점, 초중고 수업의 질문 문화, 대안으로서 하브루타 활동 등을 다루고 있다. 특히 질문의 관점에서 우리 교실 문화를 비판적으로 성찰할 수 있는 내용들이 많이 있다.

3. EBS, 다큐 프라임 "학교의 기적", 2015

-1부 아이들이 좋아하는 교사 Best 5 부분은 학생이 좋아하는 교사상을 잘 다루고 있고, 중년 교사 고백을 통해 50대 교사의 고민을 잘 묘사하고 있다. 3부 '수업을 열다'에서는 수업 공개 및 교사학습공동체의 중요성이 잘 나타나 있다.

4. EBS, "4차 산업 혁명 시대, 교육혁명 평가의 틀을 깨라", 2017

-IB 국제 바칼로레아에 대하여 소개하고 외국의 국제 공인 교육과정 운영 사례를 제시하고 있다. 객관식 평가의 한계를 이야기하고 서술형 평가의 중요

성을 다루고 있다. 짧은 시간 안에 정답을 찾는 방식이 아니라 다양한 해답 찾기와 과정 중심 평가를 강조하고 있다. 국내 우수 사례로서 충남 삼성고 사례가 제시되고 있다.

5. KBS, 스승의 날 기념 다큐 "나는 선생님입니다", 2014
-수업 혁신을 위해 노력하는 초중고 선생님들의 우수 실천 사례가 잘 묘사되어 있다. 각 사례마다 배울 수 있는 점이 있다. 해당 학교 급별 사례에 맞추어 보고 이야기하면 좋다.

[수업 관련 동영상 소감문]
EBS "선생님이 달라졌어요" 동영상 시청 소감문

J 선생님의 수업분석과 속마음을 듣고 정말 공감을 했습니다.
저는 제 수업에 어느 정도는 만족을 하고 있었던 것 같습니다. 하지만 정작 수업 나눔을 하다 보니 많은 문제점들을 외면하고 스스로 도취되어 있음을 깨달았습니다. 수업 내용을 모두 전달해야 한다는 조급함. 아이들은 없고 카메라를 보는 듯한 수업.
저도 '수업시간 중 2회 이상 학생에게 질문하고 학생의 답변을 기다리고 그 답변에 대하여 피드백하기'를 시도해보았습니다. 생각보다 어렵지 않았습니다. 오히려 학생의 답변을 기다리는 게 수업이 더 여유롭게 느껴지고 학생들이 몰입하고 있다는 인상을 받았습니다. 노트에 숨은 학생의 명단을 적고 더 많이 부르려고 노력했습니다. 하루 이틀 지나니 습관처럼 하게 되었습니다.
제가 수업에서 느끼는 가장 큰 두려움은 엎드려서 자는 학생을 마주할 때입니다. 깨워도 일어나지 않을 때는 나를 무시하는 것 같다는 느낌을 받습니다. 지금도 사실은 두려움이 있습니다. 그래서 한 반에 2~3명 정도는 방치하는 것 같습니다. 두렵긴 하지만 그런 친구들의 이름을 자주 부르려고 노력하고 있습니다.

저는 평상시 아이들과의 관계는 좋은 편이라고 생각합니다. 아이들이 저를 친근하게 생각하는 게 느껴집니다. 눈에 띄지 않는 소극적인 아이들은 나를 어떻게 생각하는지는 잘 모르겠습니다. 숨은 학생들에게 더 관심을 가져야겠다고 생각했습니다.

그런데 아이들과 관계가 좋은 편이라고 이야기했지만 이번 수업 동영상을 보며 사실 착각이라는 것을 깨달았습니다. '좋은 관계는 생각을 소중하게 듣는 것에서 출발한다.' 저는 아이들의 생각을 소중하게 듣지 않았습니다. 질문은 하지만 아이들이 그 질문에 답하지 못할 거라는 생각에 혼자 대답하기를 반복했습니다. 아이들이 대답할 수 있다는 믿음을 갖지 않았습니다. '아이들의 생각을 소중히 해야 한다'는 말이 와 닿았습니다.

'아이들에게 존경받는 교사'가 되고 싶었습니다. 어렵겠지만 꿈꿨습니다. 하지만 지금은 '아이들을 존중하는 교사'가 되고 싶습니다. 내 생각을 전달하는 수업 말고 아이들의 생각을 소중히 하는 수업을 하고 싶습니다. 어떻게 해야 아이들의 생각을 소중히 할 수 있는지… 솔직히 막막합니다. 하지만 아이들이 할 수 있다는 믿음을 가지는 것부터 시작해 보려합니다.

수업 공동체 리더십 문제

수업 공동체 내 리더십 유형은 지도자 중심 모델과 집단 지성 모델이 있다. 이를 다음의 그림으로 표현할 수 있다.

지도자 중심 모델

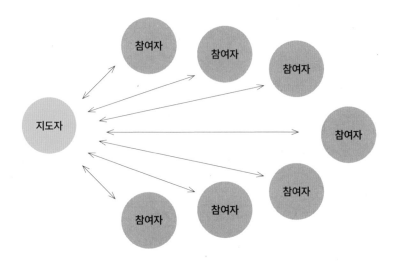

집단 지성 모델

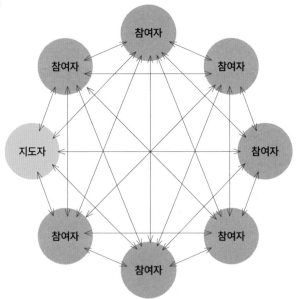

어떤 수업 공동체이든 첫 시작 단계에서는 지도자 중심 모델로 시작하는 경우가 많다. 열정이 있는 특정 교사를 중심으로 사람들이 모이게 되는 경우가 많기 때문이다. 그런데 시간이 지남에 따라 집단 지성 모델로 전환하면서 특정인에 집중하는 현상이 완화되고 공동의 리더십을 가지고 함께 나눌 수 있는 분위기로 전환되는 경우가 많다. 만약 시간이 지남에도 불구하고 지도자 중심 모델에만 머물고 있으면 지도자 역할을 하는 교사가 모임에서 빠지게 되면 자연스럽게 모임도 흐지부지 되면서 사라지게 된다. 하지만 집단 지성 모델로 전환이 되면 지도자가 빠져도 모임이 흔들리지 않고 운영될 수 있다. 집단 지성 모델도 일정 시간이 지나면 발전이 더딘 경우가 생기게 된다. 이때 새로운 지도자가 등장하거나 외부 전문가를 통해 새로운 콘텐츠를 받아들이게 되면 모임이 한층 업그레이드되면서 발전적으로 운영될 수 있다. 그러므로 수업 공동체 모임 수준과 상황에 따라 적절한 모델을 지향하면서 운영되는 것이 좋다.

수업 공동체 활동 시 예상되는 문제점과 해결 방안을 모색하기

학교 안에서 수업 공동체 활동을 하다보면 몇 가지 문제점을 부딪치는 경우가 많다. 전체 교사들에게 수업 공동체에 대한 참여 동기를 부여하기가 쉽지 않고, 일부 부정적인 방향의 교사들로 인하여 수업 공동체가 형식적으로 운영되는 경우가 있다. 또한 예산 문제로 어려움을 겪거나 참여자들이 여러 가지 업무로 인하여 바빠서 모임의 참여율이 낮을 수 있다. 학교 관리자와의 갈등이나 무관심으로 인하여 수업 공동체 활동이 저조할 수 도 있다. 이러한 예상되는 문제점에 대한 해결 방안을 함께 고민할 필요가 있다.

- **전체 교사들에게 자발적으로 수업 공동체에 참여할 수 있는 방법은 무엇일까?**

개인주의적 수업 문화는 수업 공동체 활동의 걸림돌이다. 왜냐하면 수업 행위를 개인적인 행위로만 이해하면 수업 공동체 활동 자체를 부정적으로 여길 수 있기 때문이다. 그러므로 개인주의적 수업 문화를 극복할 수 있어야 한다.

수업 공동체의 핵심은 자발성에 있다. 학교마다 교직 문화와 교사들의 분위기가 많이 다르다. 교직 문화가 협력적인 분위기라면 수업 공동체의 취지를 밝히고 공개적으로 참여자들을 모집해도 자연스럽게 수업 공동체를 시작할 수 있다. 하지만 그렇지 않은 분위기라면 참여자들을 모집하기도 힘들고 수업 공동체 활동도 형식적으로 움직일 수 있다. 이러한 경우, 수업 친구부터 차근차근 문제를 풀어 가면 좋다. 학교 차원에서 의무적으로 참여하도록 독려하기보다 열정이 있는 교사를 중심으로 수업 공동체를 구성하여 운영하면 좋다.

수업 공동체 모임을 운영할 때에도 열린 모임 형태로 운영하면 좋다. 예전 필자의 경우, 학기 초에 수업에 대하 관심이 많은 교사들을 모아 수업 공동체를 시작했지만 모임을 할 때마다 구체적으로 어떻게 활동했는지를 간단히 정리하여 전체 교사들에게 알리고 다음 번 모임과 주제에 대하여 알려서 1회성 모임 참여도 가능할 수 있도록 하였다. 예컨대, 다음 모임 주제가 좋은 학습지 개발이라면 이 주제를 공지하고 학습지 개발에 관심이 있는 분들이라면 한번만이라고 참여할 수 있도록 하였다. 그렇게 했더니 비록 수업 공동체 모임에는 한 번도 참여하지 않는 교사들도 수업 공동체에 대하여 긍정적으로 평가하고 지원하는 역할을 해주었다.

모 중학교의 경우, 열정이 있는 일부 교사들이 모여 수업 공동체 활동을 1년 동안 꾸준히 하면서 성과가 쌓인 후 그 수업 공동체 구성원들을 중심으로 다음 해에 학년협의회를 수업 공동체 활동으로 바꾸는 일을 했다. 자율적인 수업 공동체 모임을 기반으로 해서 학년별 모임을 수업 공동체로 만들었고, 학년별 모임과 자율적인 수업 공동체 모임이 공존하면서 수업 혁신 운동을 확산시켰다. 즉, 수업 친구 ⇒ 자율적인 수업 공동체 모임 ⇒ 학년별 모임의 수업공동체화 단계로 풀어가는 것도 좋은 대안이 될 수 있다.

혁신학교처럼 학교 차원의 분위기가 수업공동체에 대한 관심이 높을 때는 이러한 방식이 좋지만 그렇지 않은 경우라면 혁신학년제 방식을 활용하면 좋다. 즉, 수업 친구나 자율적인 수업 공동체 구성원들이 특정 학년에 담임교사로 자원하여 배정하고 해당 학년을 중심으로 수업 혁신 운동을 펼칠 수 있다.

• **일부 부정적인 방향의 교사들로 인하여 수업 공동체가 힘든 경우가 발생하면 어떻게 하면 좋을까?**

학교 안에는 긍정 방향의 교사만 존재하는 것이 아니라 반대로 부정 방향의 교사들도 엄연히 존재한다. 부정 방향의 교사들은 수업 공동체 활동에 대하여 별로 관심이 없거나 부담스럽게 생각하는 경향이 있다. 이 문제를 해결하려면 먼저 부정 방향의 교사가 왜 생겼는지를 이해해야 한다. 대개 모든 교사들은 교직에 대한 열정을 가지고 교직 생활을 시작한다. 모든 교사는 수업을 잘하고 싶어 한다. 부정 방향의 교사들조차도 수업만큼은 다 잘하고 싶어 한다. 그런데 학교에서 생활하면서 성공 뿐 아니라 많은 실패와 좌절을 경험한다. 좌절감은 소진 현상으로 이어진다. 에너지를 충전 받지 못하면 소진 상태가 일상화되면서 비합리적인 신념이 마음 속에 자리 잡게 되면서 나중에 냉소주의자로 되는 경우가 많다. 그러므로 부정 방향의 교사들의 삶을 이해하고 그에 맞는 해결 방안을 모색하는 것이 필요하다. 좌절을 경험한 교사라면 공감과 격려를 해야 하고, 소진 상태에 빠진 교사라면 쉼을 주고, 에너지를 충전할 수 있는 기회를 부여해야 한다. 그런데 냉소주의자라면 주변 교사들에 대한 영향력을 최소화할 수 있도록 해야 한다. 그런데 부정 방향의 교사들을 낙인을 찍어 힘으로 문제를 해결하려고 하면 안 된다. 냉소주의자들에 대한 직접적인 비판과 퇴출은 오히려 학교 내 갈등만 부추길 뿐이다.

최근 교육청 정책 차원에서 교사학습공동체를 강조하면서 많은 학교들이 전 교사들에게 교사학습공동체를 의무화하는 경향이 있다. 교사학습공동체이 잘 이루어지는 경우는 부정 방향의 교사들이 긍정 방향으로 전환할 수 있지만 교사학습공동체가 잘 이루어지지 않으면 반대로 긍정 방향의 교사들이 부정 방향으로 바뀔 수 있다.

학교 차원에서 수업 공동체를 추진하는 경우, 최소한 부정 방향의 교사가 수업 공동체 리더가 되지 않도록 주의해야 한다. 왜냐하면 부정 방향의 교사가 수업 공동체 리더가 되면 구성원들에게 부정적인 영향만 미치고, 수업 공동체 활동도 형식적으로 진행될 수 있기 때문이다.

• 예산 상의 어려움은 어떻게 해결하면 좋을까?

수업 공동체 활동을 활성화하려면 그에 맞는 예산 지원이 필요하다. 수업 공동체 활동에 필요한 도서 구입비, 협의회비 등이 있으면 수업 공동체 활동하기에 좋을 것이다. 예산 문제를 해결할 수 있는 가장 좋은 방법은 학교로부터 수업 공동체 예산 지원을 받는 것이다. 이를 위해서는 학교 차원에서 예산 구성 시 수업 공동체 관련 예산을 제도적으로 배정하는 것이 필요하다. 그리고 수업 공동체 리더가 학교 관리자들과의 관계를 잘 세워갈 수 있어야 한다. 수업 공동체 취지와 활동 계획 등을 준비해서 학교 관리자들과 사전에 충분히 협의한 후 추진하는 것이 좋다. 만약 학교 예산이 넉넉하지 않은 경우, 교육청 주관 교사학습공동체 지원 프로그램을 활용하면 좋다. 외부에서 예산 지원이 힘든 경우는 구성원들의 회비로 운영하는 것이 좋다. 필자의 경험을 볼 때 자체 회비를 모아 수업 공동체를 운영하는 것이 결과적으로 더욱 좋았다. 왜냐하면 돈이 있는 곳에 마음도 함께 있기 때문이다.

• 학교 관리자와의 관계를 어떻게 세워나가야 할까?

수업 공동체를 본격적으로 시작하기 전에 수업 공동체 리더가 교장 선생님을 만나 수업 공동체 활동에 대하여 먼저 상의하면 좋다. 이때 교장 선생님에게 일방적으로 결정 내용을 말하는 것보다 수업 고민을 먼저 이야기하고 나서 질문을 통해 교장 선생님의 생각을 들으며 조심스럽게 풀어 가면 좋다. 수업 공동체 활동이 진행되는 경우에도 수업 공동체 활동 내용을 간단히 정리하여 교내 메신저를 통해서 알려드리는 것도 좋다. 대개 교장 선생님 입장에서는 수업 공동체 활동 진행 상황에 대하여 궁금하게 생각하기 때문에 중간 중간 소통을 하는 것은 매우 의미 있는 일이다. 무엇보다 학교 관리자가 호감을 가지고 수업 공동체 활동을 지원할 수 있도록 관계를 잘 세워 나가는 것이 필요하다.

• 교사들이 바빠서 수업 공동체 활동 시간에 잘 참여하지 못하는 경우, 어떻게 하면 좋을까?

교사가 수업 이외에도 생활지도나 행정 등 학교 업무가 많다보니 방과 후 시간이라고 하더라도 수업 공동체 활동 시간을 정기적으로 확보하기가 쉽지 않다. 방과 후 시간에 보충 수업이나 연수, 회의, 각종 행사 등으로 바쁘게 보내다 보니 수업 공동체 활동이 우선순위에서 멀어지는 경우가 많다. 그래서 용두사미(龍頭蛇尾) 형태로 수업 공동체 조직은 이루어지고 몇 번 모이다가 학교 업무가 바빠지면 자연스럽게 수업 공동체 모임도 흐지부지 되는 경우가 많다. 시간이 남으면 수업 공동체 활동을 해보자는 식의 접근은 한계가 있다. 그러므로 수업 공동체 활동을 활성화할 수 있는 가장 좋은 방법은 학교 단위 교육과정 안에 별도로 교사학습공동체 시간을 만들어 놓는 것이 필요하다. 예컨대, 격주 수요일 오후에는 연수나 회의, 수업 공동체 활동 시간을 넣는 것이다. 학교 차원에서 수업 공동체 활동을 위한 정기적인 시간 확보가 이루어질 수 있도록 학교 교육 활동 계획을 수립하는 것이 필요하다. 일과 시간에 도무지 시간을 내기 힘들다면 방과 후 시간을 활용하여 수업 공동체 시간을 정하되, 그에 따른 학교 차원에서의 배려도 있으면 좋을 것이다.

3장.
독서 토론 모임

독서 토론 모임이란?

독서 토론 모임은 수업 관련 도서를 정해 함께 읽고 나누는 모임을 말한다. 수업 공동체에서 독서 토론 모임이 좋은 이유가 몇 가지 있다. 일단 자기 수업을 바로 공개하는 것보다 독서 토론하는 것이 심리적인 부담이 적다. 일상 수업 공개는 일종의 민낯을 드러내는 행위이기 때문에 서로 신뢰 관계가 어느 정도 형성되었을 때 가능하다. 그런데 독서토론은 높은 신뢰 관계가 형성되어 있지 않아도 할 수 있는 장점이 있다. 독서 토론 모임은 수업에 대하여 연구하고 실천하는데 밑거름이 된다. 독서가 좋다는 것은 누구나 알고 있지만 바쁜 학업 업무 속에서 우선순위가 밀려나기 쉽다. 하지만 수업 공동체 차원에서 독서 토론 모임을 하면 어렵고 분량이 많은 책이라도 잘 읽어낼 수 있다. 특히 발제자의 경우에는 대충 책을 읽을 수 없기 때문에 자기가 담당한 부분만큼은 더 고민해서 정리할 수 있다. 독서 토론을 통해 집단 지성의 힘을 경험할 수 있다. 책 나눔의 과정을 통해 서로의 생각을 알 수 있고, 다른 사람의 앎이 나에게 새롭게 다가갈 수 있고, 자신의 깨달음이 다른 사람에게 큰 도전이 될 수 있다. 수업 나눔 활동을 본격적으로 하기 전에 필요한 것이 독서 토론 모임이다. 수업을 바라보는 시각이 교사마다 다르기 때문에 수업에 대한 독서 토론을 통해 어떠한 관점으로 동료 교사의 수업을 바라보는 것이 좋을지 충분히 이야기한 다음에 수업 나눔 활동이 진행되어야 갈등과 불편함이 없이 깊은 수업 나눔을 할 수 있다.

독서 토론 모임은 수업 연구 및 실천에 대한 일종의 연역적인 접근으로서 상대적으로 쉽게 적용할 수 있는 방법이다. 경험적으로 볼 때, 유명 강사를 초청하여 연수를 듣는 것보다 그 강사가 쓴 책을 읽고 토론하는 것이 학습 효과가 크다. 왜냐하면 단순히 듣는 것보다 직접 읽고 요약하고 고민하여 자기 생각을 이야기하면서 그 지식과 경험을 자기 것으로 내면화할 수 있기 때문이다.

독서 토론 모임 운영 방식은 발제자 중심 독서 토론 모임과 집단 지성 중심 독서 토론 모임이 있다. 발제자 중심 독서 토론 모임을 일반적으로 운영되는 방식으로서 수업 공동체 구성원들이 책의 일부분을 담당하여 요약하여 돌아가며 발표하는 것이다. 즉, 발제자가 책 내용을 요약하고 나머지 참여자들이 듣고 토론 활동에 참여하는 것이다. 장점은 독서 토론 모임 참여자들의 심리적인 부담을 줄일 수 있다는 것이지만 단점은 발제자가 아닌 사람은 수동적으로 모임에 참여할 수 있다는 것이다. 그에 비해 집단 지성 중심 독서 토론 모임은 특정 발제자를 정하지 않고 모든 참여자들이 책을 읽은 것을 전제로 하여 독서 토론 모임에 참여하는 것이다. 발제자 중심 독서 토론은 발제자가 아닌 사람도 책을 읽지 않고도 독서 토론 모임에 참여할 수 있지만 집단 지성 독서 토론 모임은 그것이 쉽지 않다. 그래서 모든 참여자들에게 책에 대한 심리적인 부담은 크지만 반대로 발제자 중심 독서 토론보다 학습 효과는 매우 뛰어나다.

독서 토론 모임의 다양한 방법

수업 관련 도서를 읽고 나누는 방법에는 다양한 방법이 있다. 기존 독후감 방법 외에 개조식 요약법, 마인드 맵, 하브루타 등이 있다.

- **일반 독후감 방법**

일반 독후감 형태는 전체적으로 책을 읽고 자기 소감을 자유롭게 기록하는 것이다. 책 내용이 많지 않거나 어렵지 않은 경우, 독후감 형태로 정리하는 것이 좋다.

[일반 독후감 사례]

"질문이 살아있는 수업"을 읽고

수업시간에 학생들을 동기를 유발하기 위해 가장 많이 사용하는 방법 중에 하나가 질문법이다. 수업내용에 들어가기에 앞서 학생들이 사전 지식으로 어떤 내용을 알고 있는지 또는 학생들에게 이 수업이 앞으로 얼마나 재미있는 수업인지 알려주기 위한 방법으로 많이 사용하고 있다. 하지만 어떤 질문이 수업에 효과적인지를 생각하고 질문을 한 적은 거의 없었던 것 같다. 수업을 계획하는 과정에서도 동기유발이나 학생들의 사고를 이끌어내기 위해 질문을 계획하여 사용했던 적은 없었고, 수업 중간에 학생들이 궁금한 점에 대해서 질문을 하면 거기에서 출발하여 몇 가지 질문을 던져보는 게 전부였던 것 같다. 하지만 이 책을 읽고 교사가 어떤 질문을 던지느냐에 따라 학생들의 사고를 발전시켜 나갈 수 있는 방향을 정할 수 있고 수업의 방향도 결정할 수 있어 질문의 중요성에 대해 다시 한 번 생각해 볼 수 있는 계기가 되었다.

이 책에서 내가 가장 배워보고 싶은 내용은 질문을 통한 '교육과정 재구성'이다. 책에서는 교육과정재구성을 위한 7가지 핵심질문을 고등학교 지구과학 교육과정을 예로 들어 제시했는데, 수업에서 가르치고자 하는 핵심내용을 질문으로 구성하고 이에 답할 수 있는 내용을 수업으로 계획하여 진행하면 조금 더 체계적이고 알찬 수업을 진행할 수 있을 것 같다. 또한 이 책에서는 모둠별로 학생들이 스스로 질문을 만들고 답할 수 있는 수업을 제시하고 있으며 나중에 기회가 된다면 이 모둠 수업을 계획하여 진행하고 싶다는 생각이 들었다. 하지만 이 모둠수업을 진행하기 위해서는 우선 내가 수업과 관련된 질문을 계획적으로 이용하는 것이 습관이 되어 숙련되도록 노력해야 하며 학생들에게도 어느 정도 숙달되었을 때 사용할 수 있을 것 같다. 이 책을 읽고 내가 최종적으로 배우고자 하는 수업 형태는 학생과 교사가 서로 질문을 통해 수업이 이루어져 학습 내용을 질문을 통해 배울 수 있게 하고 학생들은 궁금한 내용에 대해 질문함으로써 자신의 의견과 생각을 표출할 수 있는 기회를 제공할 수 있게 하는 수업이다.

 학생들에게 의미 있는 수업을 하고 싶고, 더 나은 수업을 만들기 위한 고민을 하면 할수록 내가 부족한 점이 더 많이 느껴지고 배워야 할 점이 많다는 것을 느끼게 되었다. 또한 그렇게 고민을 하고 수업을 했을 때에는 학생들의 행동 하나하나가 눈에 더 들어오고, 내가 제시한 자료와 수업내용이 학생들에게 어떻게 받아들여지는지 알기 위해 질문하고 관심을 갖다 보니 학생들과의 관계도 개선되어 나아가는 것이 느껴졌다. 앞으로 질문을 통해 학생들과 의견과 생각을 공유해나가는 수업이 될 수 있도록 노력해야겠다.

- **개조식 요약법**

개조식 요약법은 책 내용을 요약하여 알아보기 쉽게 정리하는 방법이다. 장별로 책 분량이 많거나 어려운 경우, 핵심 내용을 알아보기 쉽게 정리하기에 좋다.

협동학습의 기초 다지기

한국협동학습연구회, "협동학습1 : 협동학습의 기초 다지기,"한국협동학습센터, 2012

1. 왜 협동학습을 해야 하는가?

가. 협동학습의 개념

· 이질적인 학생들이 공동의 학습목표를 이루기 위해 학습 집단을 형성하여 함께 학습하는 교수 전략

· 협력학습과 혼용하여 사용함. 실천 과정에서 학생 특성에 맞는 접근이 필요함 (구조화 → 탈구조화)

협력학습(collaborative learning)	협동학습(cooperation learning)
-구성주의의 교육철학적 고민을 교실에 적용 -탈구조화된 또래 가르치기	-사회심리학의 성과를 교실에 적용 -구조화된 또래 가르치기

나. 협동학습의 필요성

1) 학생 입장	2) 교사 입장	3) 사회적 측면
-흥미 있는 학습 활동 -학업성취도 향상 -시너지 효과 극대화 -타인에 대한 배려 -사회적 기술 증진, -의사소통능력 향상 -긍정적인 자존감 -신체활동을 많이 함	-다양한 교수전략 제공 -다인수 학급에서 쉽게 적용 -많은 비용이 들지 않음 -경쟁학습, 수준별 수업의 대안 -교사의 수업 부담을 줄임 -학생 참여도가 높아져 수업에 대한 자신감이 생김	-학생들의 사회성 신장 -적은 투자로 높은 학습 효과 -경쟁력 있는 미래 인재 양성 -다원화, 다문화에서 사회 통합 기능 수행 -학생들의 도덕성 증진

다. 협동학습의 한계

 ·일부 학생이 끝까지 학습 활동에 참여하기를 거부하면 학습하고자 하는 나머지 학생들이 피해를 봄

 ·한 학생이 학습내용을 제대로 소화하지 못하거나 잘못 이해하면 다른 학생에게도 영향을 미침

 ·학생들이 집단 활동의 즐거운 분위기에만 빠져 주요 학습 내용을 습득하는 것에는 소홀할 수 있음

 ·일제학습에 비해 안정적인 공간과 시간적 여유를 필요로 함

 ·모든 수업에 협동학습을 진행하려고 하면 학습 효율이 떨어질 수 있음

2. 협동학습의 철학

가. 협동의 의미와 가치

 ·사회적 상작용의 세 가지 방식: 협동, 경쟁, 개별

 ·경쟁에 대한 신화를 버려야 함(과도한 경쟁은 불안감 조장, 인간관계를 파괴, 결과만 지향함)

 ·경쟁은 인위적이나 갈등은 자연스러운 것

 ·협동학습은 '승-승'의 관계 유도

 ·협동은 인간의 본질적인 특성, 가정, 사회, 경제생활의 기본 원리, 세계화 현상과 미래 핵심 원리

나. 학습 구조론

 ·Johnson & Johnson : 학생과 학생 사이의 사회적 상호작용

· 수업활동 = 내용(contents) + 구조(structures)

· 4가지 학습 구조

개별학습 (교사 중심, 지식)	일제학습 (학생 중심, 경험)	경쟁학습 (부정적인 상호의존성)	협동학습 (긍정적인 상호의존성)
각자의 학습활동이 서로에게 영향을 주지 않는 구조	교사가 한꺼번에 관리 하는 전통적인 수업구조	나의 성공이 너의 실패요, 너의 성공이 나의 실패	나의 성공이 너의 성공이요, 너의 성공이 나의 성공

다. 협동학습의 철학의 3요소: 관계, 역량, 자율

라. 학습 공동체론

· 수업은 두려움과 가르침의 역설이 공존하는 곳임

· 협동학습은 진리의 학습공동체를 건설하는데 활용되어야 함

• **마인드 맵 정리**

마인드 맵(Mind-map) 방식은 전체 책 내용을 잘 파악할 수 있는 방법이다. 이미지를 활용하여 전체 책 내용을 시각적으로 잘 정리해줄 수 있다.

[마인드맵 방식 사례]

• **하브루타 방법**

하브루타는 원래 '친구, 짝, 파트너'의 유대어에서 비롯된 단어로서 '짝을 지어 질문하고 대화하고 토론하고 논쟁하는 것'을 말한다. 하브루타 독서법은 질문을 중심으로 책을 읽어내는 방식이다. 책 내용에 대하여 자유질문을 만들고 그 질문을 중심으로 책 내용을 요약하거나 비판하는 방법이다. 하브루

마인드맵

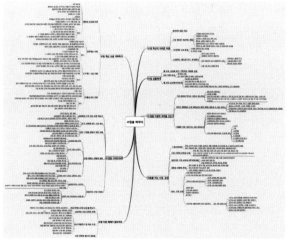

타 방법은 책 내용의 단순한 요약을 넘어 생각하면서 책을 읽을 수 있도록 도와주는 좋은 방법이다.

[하브루타 사례]

'아이 눈으로 수업 바라보기'는 가장 좋은 수업 관찰의 접근인가?

○ 책 제목 : 서근원, "수업, 어떻게 볼까?," 학지사

○ 책 내용과 관련한 질문

· '아이 눈으로 수업 보기'가 가장 좋은 수업 관찰의 접근인가?

· '아이 눈으로 수업 보기'식 수업은 수업의 어떤 부분을 발전시킬 수 있을까?

· 교육에 대한 시선이 교민(敎民)에서 회인(誨人)으로 바뀐다고 했을 때, 현실적으로 사교육에 밀릴 수 있지 않을까?

○ 내가 선택한 질문과 그 이유

저자는 이 책에서 수업 보기의 중요성을 이야기하면서 수업 관찰의 다양한 관점을 제시한다. 수업 관찰을 크게 양적 관찰과 질적 관찰로 나눈다. 양적 관찰의 방법으로 체크리스트 관찰법, 선택적 관찰법 등이 있고, 질적 관찰의 방법으로 일화 관찰, 과학적 수업 연구, 문화 인류학적 수업 연구, 수업 비평, 아이 눈으로 수업 바라보기 등이 있다.

이 책에서는 각 수업 관찰 담론을 잘 요약하여 분석 정리하고 그 한계를 비판하고 있다. 체크리스트 관찰법에서는 객관성의 한계, 관찰자 관점의 제한, 관찰 대상의 제한, 수업자와 관찰자의 제한을 지적하고, 선별적 관찰법에서는 학생의 경험에 별로 주목하지 않고 탈맥락적으로 수업을 관찰한다고 비판한다. 일화 관찰에는 자신의 관점에서 수업을 바라보기 때문에 학생이 무엇을 경험하는지 파악하기 힘들고 관찰자 단독으로 관찰 결

과를 해석하기 때문에 문제가 발생할 수 있다고 이야기한다. 과학적 수업 연구의 한계는 수업 중에 이루어지는 학생의 경험에 관해서는 거의 고려하지 못하고 관찰자의 관점에서 수업을 관찰하고 분석한다는 것이다. 문화인류학적 수업 연구에서는 수업을 학생의 관점에서 적극적으로 해석하지 않고 수업의 과정에서 전개되는 학생의 변화 과정을 잘 파악하지 못한다고 비판한다. 수업 비평은 수업을 방관자적 입장에서 바라보고 교사를 중심으로 수업을 바라본다고 지적한다.

그래서 저자는 수업 관찰의 가장 이상적인 대안으로 '아이 눈으로 수업 바라보기'를 제시한다. 수업을 바라볼 때 학생의 관점에서 바라보아야 하며 수업을 평가하지 않고 이해하는 방향으로 관찰하며, 수업의 맥락과 상황을 파악하는 것을 강조한다. 특히 벼리 학생을 중심으로 수업을 깊이 바라보는 것이 중요하다고 이야기한다.

저자는 '아이 눈으로 수업 바라보기'가 가장 이상적인 수업 관찰의 방법일까? 다른 수업 관찰 담론에 대하여 비판적인 시각으로 바라보면서도 동시에 자기가 주장한 담론에서는 그러한 비판적 시각을 갖지 못하고 있는 것은 독단적인 생각이 아닐까?

내 생각에는 '아이 눈으로 수업 바라보기'가 가지고 있는 한계도 분명 존재한다. 첫째, 학생의 관점을 강조하지만 관찰자가 학생이 아니기 때문에 분명한 입장 차이가 생길 수밖에 없다. 수업 관찰자가 학생 입장에서 바라보려고 노력하는 것이지, 학생의 관점 자체라고 보기는 힘들다. 무엇보다 수업은 교사의 가르침과 학생의 배움이 연결된 것이기 때문에 학생의 배움만 강조하면 교사의 가르침을 놓칠 수밖에 없다. 둘째, '아이 눈으로 수업 바라보기'에서는 벼리 학생을 중심으로 수업 관찰하면 좋다는 것을 강조하는데, 누구를 벼리 학생으로 선정할 것인가가 문제가 될 수 있다. 어떤 학생을 벼리 학생으로 삼느냐에 따라 동일한 수업도 그 수업에 대한 해석이 달라질 것이다. 우수 학생인가, 평범한 학생인가, 배움 찬찬이 학생인가 등에 따라 수업에 대한 해석이 각기 달라질 수 있다. 넷째, '아이 눈으로 수업 바라보기'는 학생 시각에서 수업을 바라보는 데 도움을 주지만 일상 수업 공개 및 강평회 방식으로 도입하기에는 현실적인 어려움이 많다. '아이 눈으로 수업 바라보기' 워크샵에서는 직접 수업 관찰하고 수업 동영상을 찍어 전체 수업 내용을 전사하여 이를 분석하는데 학술적인 목적으로는 의미 있을 수 있으나 수업 성장의 목적에서는 쉽지 않은 방법이 될 수 있다.

- **자신 만의 주석 달기**

책을 읽을 때 중요하다고 생각되거나 느낌이 있는 대목에 밑줄을 긋고 책 여백에 자기의 생각을 자유롭게 기록하는 방식이다. 주석에는 해석이나 적용 질문 등을 기록하여 자기 생각을 솔직하게 쓰면 좋다. 별도의 발제용 자료가 없어도 책을 보면서 발제하거나 자기 생각을 말할 수 있는 방법이다.

독서 토론 모임에서 함께 읽으면 좋은 책들

독서 토론 모임에서는 어떠한 책을 선정하느냐가 매우 중요하다. 수업공동체 참여자들의 필요와 수준, 최근 수업 혁신 트랜드와 학교의 요구 등을 고려하여 이에 맞추어 도서를 선정하면 좋다. 여기에서는 독서 토론 모임 시 수업에 대하여 도움이 될 만한 책들을 추려서 추천하고자 한다.

[수업 성찰]

수업 성찰은 수업자가 자기 수업을 있는 그대로 바로 보는 것이다. 수업 외형뿐 아니라 교사의 내면도 바라보는 것이다.

- **파커 파머, "가르칠 수 있는 용기", 한문화, 2013**

교사들의 교사라고 불리는 미국의 교육 철학자 파커 파머가 쓴 "가르칠 수 있는 용기"는 수업 성찰에 대한 고전이라고 할 수 있다. 교육의 본질을 이해하는데 있어서 '무엇'과 '어떻게'를 넘어 '누가'와 '왜'의 영역을 바라보아야 한다는 것을 강조한다. 특히 '누가'와 관련하여 교사의 내면에 집중한다. 지식, 학생, 자기를 가르친다는 것 등에 대한 교사 내면의 두려움을 바라보고 그 두려움을 잘 극복해야 한다. 기존 수업 문화를 기존 객관론적인 인식론 모델에서 벗어나 진리의 학습공동체 모델로 우리 교실을 바꾸어야 한다. 아쉽게도 우리말 번역이 그리 매끄럽지 않지만 책 내용이 주는 묵직함이 있다.

- **김태현, "교사, 수업에서 나를 만나다", 좋은교사, 2012**

한국적 상황에 맞는 수업 성찰에 관한 책으로는 김태현 선생님의 "교사, 수업에서 나를 만나다"가 가장 돋보인다. 수업을 통해 수업자의 삶을 바라볼 수 있다. 수업을 보며 성찰함을 강조하면서 비평적 관점, 학생의 배움, 교사의 내면을 중심으로 수업을 바라볼 것을 제시한다. 특히 수업 속 신념, 관계, 대화, 내용을 살피며 성찰할 것을 다양한 사례를 통해 이야기한다. 수업 성찰의 방법으로 수업 친구, 수업 나눔을 그 대안으로 제시하고 있다.

- **이혁규, "수업", 교육공동체 벗, 2013**

교사들은 왜 가르치려고만 할까?, 교실 대화는 일상 대화와 어떻게 다를까?, 수업 지도안은 만국 공통일까?, 수업연구대회 수업은 정말 우수한 수업일까? 저자 청주교대 이혁규 교수님은 오랫동안 수업 비평 운동을 이끌었고,

수업 문화에 대하여 지속적으로 고민한 학자이다. 이 책은 우리나라 수업 문화에 대한 낯선 질문을 통해 비판적인 시각으로 성찰한다. 우리가 당연하게 생각하던 기존 수업 문화를 뒤집어 보면서 바람직한 수업 문화에 대한 방향을 제시한다. 날카롭게 비판하지만 교육에 대한 따뜻한 애정이 느껴지는 책으로서 교사들이면 누구나 쉽게 공감할 수 있을 것이다.

[수업 관찰]

수업을 어떻게 바라볼 것인가? 수업 관찰 관점과 시각에 따라 피드백 방식도 다르다. 수업을 많이 보는 것보다 제대로 보는 것이 더 중요하다.

- **서근원, "수업, 어떻게 볼까?" 교육과학사, 2013**

  현재 수업 장학, 수업 컨설팅, 수업 비평, 배움의 공동체, 아이 눈으로 수업 바라보기 등등 다양한 수업 관찰 접근법이 존재한다. 각 담론마다 수업을 바라보는 시각과 강조점이 다르다. 다양한 수업 관찰 담론을 비교적 잘 정리한 책이 서근원 교수님의 "수업, 어떻게 볼까?"이다. 이 책은 질적 연구에 기반을 둔 '아이 눈으로 수업 바라보기' 입장에서 각 수업 관찰 담론을 비판적으로 정리하였다. 이 책은 다양한 수업 관찰 담론을 비판적으로 잘 정리하였지만 정작 저자가 주장하고 있는 '아이 눈으로 수업 바라보기'는 비판적으로 바라보지 못한 것이 그 한계이다.

- **이혁규, "수업, 비평의 눈으로 읽다," 우리교육, 2008**

  월간 '우리 교육'에 실린 수업 비평 관련 글들을 묶어서 정식 출간한 책이 이혁규 교수님의 "수업, 비평의 눈으로 읽다"이다. 수업을 다양한 시각에서 바라보고 해석할 수 있도록 제시한 것이 예술 비평에서 영향을 받은 수업 비평이다. 수업의 맥락, 교과 내용, 행위자(교사 중심, 학생 중심, 교사와 학생 사이의 상호 작용 중심) 등 다양한 시각에서 수업을 바라보기를 구체적으로 어떻게 하는지를 잘 보여준 책이다. 교사들에게 다른 동료 교사들의 수업을 바라볼 때 수업 장학이나 수업 평가를 넘어 새로운 관점으로 바라볼 수 있도록 도와준다. 다만 수업 개선이나 수업 성장의 관점으로 직접적으로 활용하기에는 한계가 있다.

[수업디자인]

수업디자인이란 교사가 수업을 준비하는 일련의 과정이다. 교사는 학생들의 배움이 일어나도록 정교하게 수업을 디자인을 할 필요가 있다.

- **김현섭, "질문이 살아있는 수업,"한국협동학습센터, 2015**

이 책에서는 질문을 중심으로 수업디자인을 어떻게 할 것인가가 잘 제시되어 있다. 핵심 질문을 중심으로 흥미를 유발하는 출발 질문, 학습 내용의 이해를 돕는 전개 질문, 학습 내용을 심화하거나 삶 속에서 적용할 수 있도록 돕는 도착 질문을 구조화하여 수업을 디자인하는 것에 대하여 이야기한다. 그 외에도 질문의 필요성, 방법, 교육과정 재구성, 수업 방법 등이 풍부하게 담겨있다.

- 김덕년, "교육과정-수업-평가-기록 일체화," 에듀니티, 2017

최근 교육계에서 '교육과정-수업-평가-기록의 일체화'가 강조되고 있다. 그동안 각 영역의 분리로 인한 현실적 문제점에 대한 반성과 성찰에서 '교육과정-수업-평가-기록의 일체화' 논의가 시작되었다. 학생생활기록부의 원래 의미를 되살리기 위해서라도 교육과정-수업-평가-기록의 일체는 매우 중요하다. 경기도교육청의 김덕년 장학사님이 이와 관련한 교사학습공동체 활동을 통해 구체적인 경험들을 바탕으로 정리한 책이다.

- 남경운 외, "아이들이 몰입하는 수업디자인," 맘에드림, 2014

이 책은 서울형 혁신학교인 한울중학교에서 교사들이 실천한 공동 수업 디자인 모임의 결과물이다. 범교과 수업 모임을 구체적으로 어떻게 운영했는지가 잘 서술되어 있고, 실천과정에서 발생한 시행착오도 솔직하게 기록되어 있다. 집단 지성을 통해 성숙하는 교사들의 모습도 잘 나타나 있다. 교사학습공동체 차원에서 공동 수업디자인 모임을 하고자 할 때 꼭 참고하면 좋다.

[수업 모형 및 수업 기술]

어떻게 가르치느냐에 따라 학생의 경험이 달라진다. 동일 학습 주제라도 어떻게 수업하느냐에 따라 학습 효과가 달라진다. 그러므로 수업 방법에 대한 고민은 학생들의 눈높이 맞추어 배움이 잘 일어나도록 하는 것에 초점을 맞추어야 한다.

- **한국협동학습연구회, "협동학습1, 2, 3,"한국협동학습센터, 2012**

우리나라에서 오랫동안 협동학습 운동을 이끌어온 교사들이 모여 교실에서 협동학습을 실천한 경험을 토대로 정리한 책이다. 협동학습의 철학과 기본 원리부터 실천과 관련한 질문과 대답에 이르기까지 잘 정리하였다. 다양한 협동학습 모형들에 대한 소개가 잘 나와 있어서 교사가 교실에서 협동학습을 실천하는데 많은 도움이 될 것이다. 책 분량이 다소 부담스럽게 느껴진다면 "아하! 협동학습"(제이콥스, 시그마프레스, 2011)을 참고하면 좋다.

- **정문성, "토의·토론 수업 방법 84,"2017**

협동학습, NIE 등 다양한 현장 중심 수업 방법을 연구한 경인교대 정문성 교수님이 현재까지 나온 다양한 토의·토론 수업 방법들을 총 정리한 책이다. 찬반대립토론, 찬반논쟁 협동학습 모형, 의회식 토론, CEDA, 탐구공동체 등 다양한 토의 토론 방법 84가지를 잘 정리하여 소개하고 있다. 토론 수업의 세부적인 실천 사례를 더 살펴보고 싶으면 "토론을 알면 수업이 바뀐다"(신광재 외, 창비, 2011)를 참고하면 좋다.

- **강인애 외, "PBL의 실천적 이해,"문음사, 2007**

문제 중심 수업(Problem-Based Learning)이란 구성주의 이론에 근거한 수업 모형으로서 실생활의 문제 사태를 중심으로 교육과정과 수업을 구조화한 학습자 중심의 수업 모형이다. 이 책은 PBL 수업의 이론, 설계, 실천, 사례 탐구를 체계적으로 잘 정리한 책이다. 문제 중심(PBL) 수업 모형에 관심이 있는 교사들이 스터디 하면 좋다.

- 존 라머 외, "프로젝트 수업 어떻게 할 것인가," 지식프레임, 2017

최근 프로젝트 기반(Project-Based Learning) 수업에 대한 관심이 높아지고 있다. 프로젝트 수업은 듀이에 영향을 받은 킬패트릭의 프로젝트 접근법에서 비롯되어 캇츠와 챠드에 의해 현대적으로 부흥되었다. 이 책은 프로젝트 기반 수업을 연구하고 실천하는 미국 벅 교육협회 차원에서 만든 책이다. 프로젝트 수업의 철학에서 실천까지 체계적으로 잘 정리되어 있다. 한국적 상황에서 프로젝트 수업을 실천하기 위한 입문서가 필요하다면 "설레는 수업, 프로젝트 학습"(정준환, 상상채널, 2016)을 보면 좋다.

- 허승환, "공부가 좋아지는 허쌤의 공책 레시피," 즐거운학교, 2013

학습코칭이란 학생들이 스스로 학습할 수 있도록 도와주는 것을 말한다. 학습코칭에서는 공부하는 이유, 학습 유형 이해, 노트 필기, 암기, 시간 관리 등을 구체적으로 다룬다. 난우초등학교 교사인 허승환 선생님이 자기 교실에서 초등학생들을 대상으로 적용한 노트 필기법을 중심으로 학습 코칭의 전략과 실제를 다룬 책이다. 중고등학생 대상 노트 필기법을 알고 싶으면 "공부생 노트필기"(최귀길, 마리북스, 2012)를 참고하면 좋다.

- 김현섭, "철학이 살아있는 수업 기술," 수업디자인연구소, 2017

학기 초 수업, 자리 배치, 수업 규칙, 칭찬 스티커 문제, 학습지 제작, 발문법, 수업 대화법, 문제 학생 지도, 학습 수준차 학생 지도, 복습 활동, 노트 필기, 모둠 활동, 창의적 수업 모형 개발, 수행 평가, 학기말 수업 등등 교실 현장에서 교사들이 가지고 있는 다양한 수업 고민거리들을 모아 그 해답을 찾고 있다. 수업 코칭이나 수업 나눔 등을 통해 교사들이 가지고 있는 수업 고민을 모아서 정리한 책이다. 이 책을 통해 철학이 살아있는 수업이 무엇일까 구체적으로 고민할 수 있다.

독서 토론 모임 운영 시 유의 사항

원활한 독서 토론 모임을 운영을 위해서 다음의 몇 가지를 기억하면 좋다.

첫째, 처음 수업 공동체에서 독서 토론 모임을 할 때는 발제자 중심 독서 토론 방식이 좋다. 모든 참여자들이 책을 읽고 토론하는 것이 가장 이상적이긴 하지만 바쁜 업무로 인하여 책을 읽지 못한 교사는 심리적인 부담감으로 인하여 수업 공동체 모임 자체를 빠질 수 있다. 어느 정도 수업 공동체가 활성화되고 서로 간의 신뢰 관계가 깊어질 때 집단 지성 중심 독서 토론 방식으로 넘어가는 것이 좋다. 집단 지성 중심 독서 토론 모임을 진행한다 하더라도 연구 주제가 새로운 주제이거나 내용이 어렵다면 외부 전문가를 초청하여 연수를 하거나 발제자 중심 독서 토론 모임 형태로 전환할 수도 있을 것이다. 연구 주제와 수업 공동체 구성원들의 상황 등을 고려하여 적절한 방식으로 독서 토론 모임을 진행하면 좋다.

둘째, 수업 공동체 모임 개척 단계의 경우, 독서 목록을 정할 때도 수업 공동체 구성원들의 필요에 맞추어 필독서를 정하는 것이 좋다. 수업이라는 주제도 생각보다 넓기 때문에 수업 철학, 수업 디자인, 교육과정 재구성, 수업 방법 등 다양한 영역으로 구분하여 접근하는 지혜가 필요하다. 처음부터 너무 어려운 책을 선정하기보다 읽기 쉽고 누구나 공감할 수 있는 책부터 시작하는 것이 좋다.

셋째, 독서 토론 모임의 목적은 책 읽기 자체가 아니라 연구하고 실천하는 것을 잊지 말아야 한다. 자칫 독서 토론 모임은 지적 유희의 장으로 그칠 수 있다. 수업 공동체의 독서 토론 모임은 수업을 연구하고 실천하는 것에 초점을 두어야 한다. 그래서 진도 나가기 방식이 아니라 천천히 읽더라도 깊이 있게 읽고, 한 가지 주제라도 직접 실천하고 그 경험을 나눌 수 있도록 하는 것이 좋다. 예컨대, 수업 공동체 차원에서 프로젝트 학습 책을 읽었는데, 참여자 누구도 프로젝트 학습을 교실에서 실천하지 않았다면 그 책의 의미를 제대로 이해하기 힘들 것이다. 교육학은 실천학문이기 때문에 이론적인 담론 수준의 토의에서 머무르지 않도록 해야 한다.

넷째, 수업 공동체 안에서 자체 이벤트를 진행하면 좋다. 예컨대, 책을 다 읽고 나서 '책거리' 행사를 하는 것이다. 수업 공동체 차원에서 책을 다 읽은 기념으로 맛있는 저녁 식사를 하거나 책을 다 읽은 사람에게 간단한 기념 선물을 주는 것이다. 저자와의 만남도 좋은 이벤트가 될 수 있다. 어떤 책을 선정하여 책을 다 읽은 다음에 그 저자를 초청해서 책 내용을 토대로 질문을 만들어 북 토크 콘서트 형태로 이야기를 나누는 것이다. 물론 수업 공동체 첫 모임에서 저자 초청 특강을 열어 동기 유발 방식으로도 할 수 있다. 그런데 개인적인 경험상 마무리 단계에서 저자를 초청하여 대화를 나누는 것이 보다 풍성한 책 나눔을 할 수 있었던 시간이었다.

4장.
수업 공개 및 수업 관찰

왜 수업 공개를 해야 하나?

대부분의 학교들은 수업 공개 활동을 진행한다. 그런데 많은 교사들이 수업 공개에 대한 부담감이 크다. 왜냐하면 자기 수업을 공개하는 것 자체가 심리적인 부담이 될 뿐 아니라 수업 장학이나 수업 평가 맥락에서 수업 공개가 이루어졌기 때문이다.

수업 공개의 목적은 무엇인가? 수업 공개 자체가 목적은 아니다. 수업 공개는 그 맥락에 따라서 목적이 달라질 것이다. 학부모 대상 수업 공개는 학교 교육 활동을 공개하고 수업 활동이 어떻게 이루어지고 자녀들이 어떻게 수업에 임하는지를 보여주기 위함이다.

동료 교사 대상 수업 공개는 목적에 따라 다르게 진행된다. 수업 장학은 교사의 교수 행위의 개선이 목적이기 때문에 장점을 칭찬하고 단점을 비판하고 해결책을 제시하는 방식으로 진행된다. 교원능력개발평가 등의 수업 평가를 목적으로 이루어는 수업 공개는 교사의 수업 능력을 측정하고 평가하는 데 초점을 둔다. 그런데 교사의 수업 역량을 강화하기 위해서는 수업 장학이나 수업 평가 수준을 넘어 새로운 접근이 필요하다. 자기 수업을 성찰하고 지속적인 수업 성장을 위해 노력하기 위해서는 수업 코칭적 접근이 필요하다. 기본적으로 수업 공개의 목적은 수업 공개 자체가 아니라 수업 공개와 이에 대한 피드백의 과정을 통해 수업자의 수업 역량이 지속적으로 성장할 수 있도록 하기 위함이다.

그러므로 기존 수업 공개 및 수업 강평회가 문제가 많다고 아예 폐지하자는 주장보다는 기존 수업 공개회 및 강평회의 문제점을 인식하고 개선하여 접근하는 것이 필요하다. 왜냐하면 교사의 수업 성장은 선택적인 문제가 아니라 당위적인 문제이기 때문이다. 교사의 수업 역량 문제는 성장과 퇴보 중 하나를 선택하게 된다. 어떤 교사가 작년 수업과 동일하게 올해도 수업을 했다면 이는 유지 상태가 아니라 퇴보 상태라고 할 수 있다. 왜냐하면 작년 학생들과 올해 학생들이 다르고 교육과정과 교육적 환경도 바뀌고 있고, 교직 경험에 따라 수업 역량도 비례적으로 발전하지 못했기 때문이다. [7]

수업 공개는 구조화된 보여주기용 수업이 아니라 평상시 있는 그대로의 일상 수업을 공개할 수 있어야 한다. 기존 수업 공개는 이벤트 방식이라면 이제는 안전한 공간을 만들고 그 안에서 일상 수업을 공개할 수 있어야 한다. 왜냐하면 교사에게 수업은 이벤트가 아니라 일상 문제이기 때문이다. 공개 수업을 구조적으로 잘 풀어간다고 해서 늘 일상 수업이 그렇게 진행되는 것은 아니기 때문이다. 교사의 수업 성장이 잘 이루어지려면 공개 수업 방식 개선을 넘어 일상 수업의 실질적인 혁신으로 이어져야 한다.

수업을 어떻게 바라볼 것인가?

수업을 바라보는 관점에 따라 동일한 수업도 각기 다르게 평가될 수 있다. 때로는 다양한 수업 혁신 담론 등이 교사들에게 오히려 혼란을 줄 때도 있다. 이 문제점을 해결하기 위해서는 먼저 수업의 본질을 이해해야 한다. 수업을 본질적으로 이해하고자 할 때 '무엇(what)'과 '어떻게(how)'를 넘어 '왜(why)'

---

7 수업 성장에 대한 세부 담론은 "수업 성장"을 참고하면 좋다.
   김현섭, "수업 성장", 수업디자인연구소, 2016

와 '누가(who)' 영역까지 살펴보아야 한다. [8]

- **누가 (존재론과 관계론)**

    -수업자 이해 : 교직 경력, 성장 과정, 내면 상태, 교육 철학과 신념, 교수 유형 등

    -학습자 이해 : 학교 및 교실 분위기, 학생들의 가정환경, 사회 경제적 수준,

    학습 의지 수준 등

    -교사와 학생과의 관계 : 사회적 상호 작용, 친밀성, 신뢰성

- **왜 (교육철학)**

    -교육관 : 인성 교육?, 학력 신장?, ○○?

    -수업관 : 과학? 예술? 기예?

    -학생관 : 지식의 수용자? 학습의 주체?

    -교사관 : 지식의 전달자? 학습 촉진자?

    -지식관 : 전통적 지식? 학습의 경험과 관심사, 사회의 필요?

    -개인적인 신념 : 합리적 신념? 비합리적인 신념?

- **무엇 (교육과정)**

    -교육과정 이해 및 수준

    -교육과정 재구성 수준

---

8   파커 파머, "가르칠 수 있는 용기" 한문화, 2010
     김현섭, "수업을 바꾸다", 한국협동학습센터, 2013
     김현섭, "철학이 살아있는 수업 기술", 수업디자인연구소, 2017

- 어떻게 (수업 모형 및 기술, 평가)

　-수업 모형 : 강의식 설명법, 협동하습, 프로젝트 학습 등

　-학습 동기 유발 및 학생 생활 지도 방법 : 칭찬, 격려, 보상, 통제, 수업 규칙 등

　-평가 및 기타 다양한 수업 기술들

눈에 보이지 않은 것이 눈에 보이는 것을 규정한다. '누가'와 '왜'의 영역이 '무엇'과 '어떻게'에 영향을 준다. 그러므로 수업을 관찰할 때는 눈에 보이는 영역인 교육과정과 수업 기술 문제만 살펴볼 것이 아니라 눈에 잘 보이지 않는 영역인 존재론과 관계론, 그리고 교육철학 문제도 볼 수 있어야 한다. 수업 현상만 바라볼 것이 아니라 수업 현상 속에 숨어있는 근본 원인을 바라볼 수 있어야 한다.

학생의 배움을 중심으로 수업 바라보기

수업은 가르침과 배움의 융합으로 이루어진다. 그러므로 교사의 교수 행위에만 초점을 두면 학생의 학습 행위를 놓칠 수 있고, 학생의 학습 행위에만 초점을 두면 교사의 교수 행위를 놓칠 수 있다. 이 둘의 조화가 매우 중요하다. 하지만 이 둘 중에 어느 것이 우선순위가 될 수 있을까 질문한다면 배움이라고 할 수 있다. 왜냐하면 교사가 지식을 가르쳤으나 학생들이 이를 배우지 못했다면 실패한 수업이라고 할 수 있기 때문이다. 반대로 교사는 별로 가르치지 않았으나 학생들이 많은 것을 배웠다면 이는 좋은 수업이라고 할 수 있을 것이다. 그러므로 가르침보다 배움이 우선된다.

배움의 상태(현상)는 교육학적인 지식이 없어도 쉽게 관찰할 수 있다.

배움이 잘 일어나지 않는 상태	배움이 잘 일어나고 있는 상태
-수업 내용과 상관없는 이야기로 떠든다. - 졸거나 잠을 잔다. -다른 생각에 빠져 있다. -핸드폰 등 딴 짓을 한다. -학습한 내용을 말이나 글로 표현하지 못한다. 등	-초롱초롱 눈빛으로 집중하여 경청한다. -학습한 내용을 기록하거나 학습 활동에 적극적으로 참여한다. -수업 내용에 대하여 적극적으로 질문하거나 자기 생각을 말한다. -학습한 내용을 삶에서 실천하거나 응용할 수 있다. 등

배움의 상태를 관찰할 때는 전체 학생들의 분위기, 개별 학생의 배움 상태, 모둠별 학생들의 배움 상태 등을 복합적으로 관찰할 수 있어야 한다. 학생마다 학습 수준이 다르고 학생마다 학습 유형이 다르므로 그에 맞는 배움이 잘 일어나고 있는지를 살필 수 있어야 한다. 경우에 따라서는 학생 배움의 상태를 전체 참관자들이 역할을 나누어 관찰하는 것도 좋다. 수업 참관자는 배움의 상태를 즉각적으로 꼼꼼하게 기록하는 것이 필요하다.

배움을 관찰할 때는 배움과 활동을 구분할 수 있어야 한다. 활동이 일어났다고 모든 학습 활동이 배움으로 연결되는 것은 아니다. 왜냐하면 학생들은 수업 시간 안에 많은 학습 활동을 했는데 정작 학습 주제나 내용을 제대로 이해하지 못했다면 온전한 배움이 일어났다고 할 수 없기 때문이다.

배움의 상태는 쉽게 관찰할 수 있지만 그 원인은 관찰로만 찾기 힘들다. 물론 수업 참관자가 그동안의 지식과 경험을 바탕으로 직관적으로 어느 정도 그 원인들을 분석할 수는 있다. 하지만 그 원인을 100% 다 이해할 수는 없다. 왜냐하면 심지어 수업자 자신도 배움의 상태를 알아도 그 이유와 원인을 잘 모르는 경우가 많기 때문이다. 그러므로 수업 관찰한 내용을 통해서 그 원인을 진단할 수 있는 질문들을 만들어 수업 나눔 활동 시 이야기하는 것이 필요하다.

일반적으로 수업 시간에 학생들의 배움이 잘 일어나지 않는 경우, 대개 다음의 5가지 원인이 있다.

- **교사 원인**

  -교사의 수업 준비가 소홀함, 교사가 해당 지식과 교육과정을 충분히 이해하지 못함, 교사의 건강 상태가 좋지 않음, 교사의 내면이 깨져 있음 등

- **학생 원인**

  -학생의 기초 학습 능력이 떨어짐, 학생이 학교 폭력, 가정에서의 불화 등으로 내면적인 상처가 큼, 학생에게 공부의 목적과 충분한 동기 유발이 이루어져 있지 않음, 무기력한 학생 등

- **관계 원인**

  -교사와 학생과의 신뢰 관계가 깨져 있음, 상호 작용이 충분하지 않고 일방적인 지식 전달로만 수업이 진행됨, 교사와 학생과의 친밀성이 부족함 등

- **지식 원인**

  -교과 지식이나 교육과정 수준이 학생들의 수준과 맞지 않음(너무 어렵거나 너무 쉬움), 지식을 얻기 위한 외적 환경이 충분하지 않음 등

- **환경 및 기타 원인**

  -부적절한 교실 환경 (냉난방 시설이 잘 갖추어져 있지 않음), 예산 부족으로

인한 교구 기자재 부족(실험실이나 교과 교실이 없음) 등

배움의 상태 속에 숨겨진 원인을 잘 분석해야 그에 맞는 해결 방안을 모색할 수 있다. 예컨대, 학생들의 수준별 학습 격차가 너무 커서 배움이 잘 일어나지 않았다고 하면 개별 학습이나 협동학습, 수준별 수업 등 그에 맞는 해결 방안으로 모색할 수 있을 것이다. 원인에 대한 진지한 분석 없이 현상에 따른 대안만 제시하면 오히려 문제가 생길 것이다.

수업자 입장에서 수업 바라보기

수업 장학이나 수업 평가 등 기존 수업 피드백 방식은 외부자 입장에서 수업자를 평가하고 피드백하는 방식이었다. 특히 공개 수업의 경우, 수업자는 외부자의 요구와 기준에 따라 수업을 그에 맞추어서 구현하는 경우가 많았다. 하지만 일상 수업에서 기존 수업 방식대로 진행하는 경우가 많았다. 그러다 보니 공개 수업과 일상 수업과의 괴리 현상이 나타나게 되었다.

수업자 입장에서 수업을 바라보아야 하는 이유는 무엇보다 수업을 디자인하고 운영하고 있는 사람이 수업자이기 때문이라는 것이다. 수업에 대한 책임을 가지고 있고 변화시킬 수 있는 사람은 외부자가 아니라 수업자이다. 수업자 입장에서 수업을 바라볼 수 있어야 수업에 대하여 제대로 이해하고 공감할 수 있다. 역지사지(易地思之) 입장에서 접근해야만 수업을 바꿀 수 있는 피드백이 가능하다.

수업자 입장에서 수업을 바라볼 때는 수업자의 의도 및 주안점, 수업자의 내면, 수업자의 교육철학과 신념, 수업 디자인 역량 수준 등을 중심으로 살펴볼 수 있다. [9]

• 수업자의 의도 및 주안점

수업에 나타난 수업자의 의도와 주안점을 파악하는 것이 매우 중요하다. 왜냐하면 수업을 디자인한 사람이 수업자이기 때문에 우선적으로 수업자의 의도와 주안점을 이해하는 것이 필요하기 때문이다. 수업 나눔 활동을 해보면 수업자의 의도와 실제 수업 사이의 괴리감을 존재할 수 있다. 예컨대, 수업자는 학생들의 자발적인 참여를 이끌어내려고 노력했다고 하지만 실제 수업에서는 수업자가 학생들을 필요 이상으로 통제하려고 하는 경우가 나타날 수 있다. 수업자의 의도와 주안점이 실제 수업에서는 잘 나타나지 않을 수 있는데, 이러한 경우 그 이유를 파악하는 것이 중요하다.

-수업자가 자주 사용하는 말과 행동은 무엇인가?

-수업의 핵심 질문은 무엇인가?

-이번 수업에서 수업자가 강조하고 있는 지점은 무엇인가?

-전체 수업에서 많은 시간을 차지하고 있는 부분은 무엇인가? 등

• 수업자의 내면

수업자의 내면이 깨져 있으면 수업 속에서도 그것이 그대로 나타난다. 예

---

9   이 부분에 대한 세부 내용을 살펴보려면 다음의 책을 참고하라.
     김현섭, "수업 성장", 수업디자인연구소, 2016

컨대, 교사가 학생에 대한 두려움이 있으면 학생 생활 지도 시 단호하게 접근하지 못하는 경향이 있다. 많은 교사들이 수업에서 많은 실패를 경험한다. 교사의 내면이 건강하면 이를 잘 극복할 수 있지만 그렇지 않은 경우, 좌절감과 낮은 자존감, 방어 기제와 비합리적인 신념이 생긴다.

교사의 내면이 무너지는 경우, 대부분 그 원인은 지식에 대한 두려움, 학생에 대한 두려움, 번 아웃과 무기력 등이 있다. 수업자가 해당 교과에 대한 지식과 경험이 부족한 상태에서 수업을 하게 되면 심리적인 부담감과 두려움을 가지게 된다. 예컨대, 학생이 어떤 지식을 잘 몰라서 질문했을 뿐인데, 교사가 까칠하게 반응을 보일 수 있다. 교사가 자신이 없는 부분은 과감히 생략하거나 대충 설명하고 넘어가는 경우도 있다. 또한 지식이 폭증하고 쉽게 정보를 얻을 수 있는 현실에서 교사가 자신감을 가지고 지식을 전달하기 쉽지 않은 상황이다.

학생들도 매년 지도하기가 쉽지 않은 상황이다. 교사의 예전 경험으로 현재 학생들을 지도하기가 쉽지 않다. 특히 문제 학생을 지도하는 과정에서 많은 교사들이 학생들로부터 마음의 상처를 많이 받는 경우가 많다. 이러한 경우, 수업 규칙을 거부하는 학생들 앞에서 교사가 무기력하게 반응을 보이거나 회피하는 경우가 발생하기도 한다.

교사는 수업 이외에도 생활 지도와 행정 업무를 수행해야 한다. 많은 업무를 통해서 피로감이 누적되고 피로 상태가 누적되면 번 아웃(소진) 현상이 나타난다. 대개 번 아웃된 수업자는 수업 시간에 표정이 굳어 있고 학생들의 역동적인 반응에 적절한 반응을 보이지 못한다. 수업자의 수업 만족도도 현저하게 떨어진다. 교사가 번 아웃 상태를 탈출하지 못하면 무기력 증세로 발전한다. 무기력 단계로 넘어가면 번 아웃된 상태가 상시화 되고 쉼의 기회를 가져도 빨리 회복되지 못한다. 회복 탄력성이 떨어져서 교실에서 문제 상황이 나타나도 효과적으로 대처하지 못한다.

수업에서 배움이 잘 일어나지 않는 경우, 수업자 입장에서는 이 문제를 자기 스스로 정당화하지 못하면 견뎌내기 힘들다. 그래서 수업자는 자기 방어기제를 사용하는 경향이 있다. 즉, 이를 자기 정당화를 하거나 편향적 태도를 가지게 된다. 자기 수업의 문제점은 수업자의 책임이 아니라 수업 외적인 환경이나 학생의 문제 등 외부적 요인으로 일어나는 것으로만 생각하기 쉽다. 이러한 방어기제가 시간이 지나면 비합리적인 신념으로 변해간다. 예컨대, 수업 시간에 잠자는 학생이 생기면 처음에는 깨우려고 노력하지만 그래도 문제가 해결되지 않으면 그 학생들은 학습 수준이 낮으니까 어쩔 수 없는 행위로 생각한다. 그러다가 좀 더 시간이 지나면 학습 의지가 없는 학생이 잠자는 것은 당연하다고 생각하고 교사가 노력해도 잠자는 학생을 깨워서 수업을 하는 것은 부질없는 행동이므로 잠자지 않는 학생들만이라도 열심히 수업을 하는 것이 의미 있다고 생각하는 것이다. 비합리적인 신념이 생기면 누군가가 이 문제를 지적했을 때 긍정적으로 수용하지 않고 오히려 그 사람에게 공격적으로 반응을 보이게 된다.

-수업자의 표정은 어떠한가?

-수업자의 열정이 느껴지는가?

-학생들의 문제 행동에 대하여 효과적인 대처하고 있는가?

-자기 수업에서의 장점과 문제점 등을 잘 인식하고 성찰하고 있는가? 등

- **수업자의 교육 철학과 신념**

　수업자의 교육 철학은 수업 행위의 선택 기준이 된다.

　-교육관

　교육을 인성 교육 차원에서 이해하면 다양한 수업 활동을 할 수 있도록 노력하겠지만 학력 신장 차원에서 이해하면 성적을 끌어올리기 위해 전통적인 일제 학습이나 경쟁 학습 등을 선호하게 될 것이다.

　-교사관

　교사를 지식의 전달자로 이해하면 객관적인 지식을 효과적으로 전달하는 것에 초점을 맞추어 수업을 진행하려고 한다. 하지만 학습의 촉진자로 생각하면 지식 전달보다는 학생들이 스스로 학습할 수 있도록 동기 부여하고 학습 과제를 수행하는 데 있어서 조력자 역할을 하려고 할 것이다.

　-학생관

　교사가 학생을 수동적인 존재로 인식하면 학생의 학습 행동을 통제하려고 노력할 것이다. 그에 비해 능동적인 존재로 인식하면 학생 스스로 생각하고 결정하고 행동할 수 있도록 노력할 것이다.

　-지식관

　전통적인 지식관을 가진 수업자는 기존 지식을 전달하고 익히는데 초점을 두어 수업을 진행한다. 그에 비해 구성주의적 지식관을 가진 수업자는 지식을 객관적으로 인식하지 않고 주관적이고 상대적인 것으로 인식한다. 그래서 교육과정 재구성 시 학생의 흥미와 관심사에 따라 자유롭게 재구성하기를 선호한다. 하지만 역량 중심의 지식관을 가진 수업자는 미래 사회의 변화와 그에 맞는 역량에 맞추어 교육과정 재구성을 시도할 것이다.

-개인적인 신념

교사의 개인적인 신념에 따라서 교사의 행동이 많이 다를 것이다. 행동주의적 가치관을 가지고 있으면 보상과 처벌 체제로 학생들을 통제하려고 노력할 것이고, 구성주의적 가치관을 가지고 있으면 학생들 스스로 문제를 해결할 수 있도록 유도하는 방식으로 학생들을 대하려고 노력할 것이다. 교사가 관계를 중시하면 학생들과의 경계선이 상대적으로 낮을 것이고 질서를 중시하면 상대적으로 높아질 것이다. 교사의 주관적인 경험에 근거하여 자연스럽게 수업 신념이 형성되는데 이것이 수업 행동의 기준으로 작용하게 된다.

-수업자가 중요시 여기는 교육적 가치는 무엇인가?

-수업자의 수업 행위 속에 숨겨진 선택 기준은 무엇인가?

-수업자는 학생을 어떠한 존재로 여기는가?

-수업자는 어떠한 교사 역할을 하고 있는가?

-수업자는 지식을 어떠한 관점으로 생각하고 있는가? 등

• **수업 디자인 역량 수준**

수업자가 학습 목표를 이루기 위해 교육과정을 어떻게 재구성하고 그에 맞는 수업 모형과 방법들을 어떻게 활용할 수 있는가의 문제이다. 수업 디자인 역량은 교사의 자기 개발 노력과 교수 유형, 교직 경력 등에 영향을 받는다. 수업 성장하는 교사는 수업 관련 연수나 코칭, 수업 공동체 참여 활동 등을 통해 새로운 수업 모형이나 방법들을 잘 활용한다. 하지만 퇴보하는 교사

는 수업을 잘하고 싶은 마음은 가지고 있지만 실제적인 노력을 잘 기울이지 않는 경우가 많다. 수업 관련 연수나 코칭, 수업 공동체 활동 등에 무관심하고 예전 수업 방식에 안주하여 편하게 수업하려고 한다.

수업자마다 가지고 있는 교수 유형도 다양하다. 다중지능이론에 의하면 시공간적인 지능이 뛰어난 교사는 시청각 수업, 매체 활용 수업, 마인드맵, 비주얼 씽킹 수업 등을 시도할 때 날개를 달지만 그렇지 않은 교사는 이러한 수업 방법들을 시도해도 실패를 쉽게 경험할 수 있다. 대인 지능이 뛰어난 교사가 협동학습을 하면 성공할 확률이 높지만 그렇지 않은 교사가 시도하면 쉽게 실패할 수 있다.

교직 경험이 부족한 초보 교사는 수업 디자인 역량이 상대적으로 부족하여 다양한 수업 방식을 활용하기 힘들지만 경험이 많고 노련한 숙련 교사는 새로운 수업 모형도 쉽게 자기 스타일로 변형하여 활용할 수 있다.

-수업자가 기존 교과 지식을 어떻게 재구성하여 접근하고 있는가?

-학습 목표에 도달하기 위해 교육과정의 특성에 맞는

-다양한 교수 학습 모형을 잘 활용하고 있는가?

-수업자가 자기 교수 유형의 장점을 잘 극대화하고, 단점을 적절하게 보완하고 있는가?

-교직 경험이 어느 정도인가?

-수업자가 수업 역량을 향상시키기 위해 어느 정도의 노력을 기울이고 있는가? 등

관계 입장에서 수업 바라보기

수업은 교사와 학생, 그리고 지식과의 상호 작용에서 이루어진다. 관계가 좋으면 배움이 잘 일어나지만 그렇지 않으면 배움이 잘 일어나지 않는다. 지금까지 전통적인 시각에서는 교과 지식의 성취 여부로만 수업을 바라보았기 때문에 상대적으로 관계 측면을 소홀히 한 부분이 있다. 관계를 잘 이해하려면 사회적 상호 작용, 친밀성, 신뢰성으로 구분하여 이해하는 것이 필요하다.

• 사회적 상호 작용

사회적 상호작용이란 교사와 학생 사이, 학생과 학생 사이에 있어서 수업과 관련한 언어와 행동이 잘 교류되었는가의 문제이다. 사회적 상호 작용이 활발할수록 수업이 역동적으로 진행된다. 대개 사회적 상호 작용이 높을수록 배움도 잘 일어나는 경향이 있다.

• 친밀성

친밀성이란 교사와 학생, 학생과 학생 사이에 있어서 긍정적인 감정을 공유하고 서로 어느 정도 좋아하고 있는지의 문제이다. 서로 좋아하는 감정을 가지고 있으면 수업 분위기가 좋고, 실수를 해도 긍정적으로 수용하지만 그렇지 않으면 수업 분위기가 삭막해지기 쉽고 실수를 하면 공격적인 태도를 가진다. 교실에 안전한 공간이 되려면 친밀성이 뒷받침되어야 한다.

• **신뢰성**

신뢰성이란 교사가 학생을 사랑하고 존중하고 학생은 교사의 권위를 인정하고 잘 따르는가의 문제이다. 친밀성이 높으면 신뢰성도 더불어 높아질 가능성이 있지만 꼭 그러한 관계는 아니다. 학생이 교사를 좋아한다고 해서 교사의 권위를 그대로 인정하는 것은 아니다. 또래 친구 같은 친밀성이 교사와 학생 사이에서는 오히려 배움의 방해가 될 수도 있다.

- **교사와 학생 사이의 관계(사회적 상호 작용, 친밀성, 신뢰성)는 어떠한가?**
- **학생과 학생 사이의 관계(사회적 상호 작용, 친밀성, 신뢰성)는 어떠한가?**
- **교실을 지배하는 분위기는 어떠한가?**
- **긍정적인 행동과 부정적인 행동이 나타날 때 어떻게 피드백을 하는가? 등**

지식 입장에서 수업 바라보기

학생들의 배움이 학습 목표에 어느 정도 도달했는가에 따라 수업을 바라보는 것이다. 교사의 가르침이 학습 목표를 도달하는데 어느 정도 효과적이었는가를 기준으로 수업을 바라보는 것이다.

수업 시간에 다양한 활동이 이루어졌다 하더라도 그 수업의 학습목표에 도달하지 못했다면 좋은 수업이라고 이야기하기 힘들 것이다. 수업은 의도적인 목표를 이루어지는 활동이다. 일부 사람들은 학습 목표에 도달하지 못해도 학생 입장에서 의미 있는 배움이 일어났다면 좋은 수업으로 보는 시각이 있는데, 이 부분은 문제가 있을 수 있다. 배움에는 가르침의 의도대로 이루어진 배움과 의도하지 않았지만 이루어진 배움이 있다. 후자를 잠재적 교육과정이라고도 한다. 배움 자체는 둘 다 의미 있지만 수업을 관찰할 때는 교사가 의도한 배움이 일어났는지를 먼저 관찰해야 하고 의도하지 않았지만 일어난 배움을 그 다음 순위로 바라볼 수 있어야 한다. 배움에도 우선순위가 있다는 것이다. 이를 혼동해 버리면 많은 학생들이 수업을 통해 학습 목표에 도달하지 못해도 좋은 수업이 될 수 있다고 주장할 수 있다.

-오늘의 수업은 학습 목표에 맞게 수업 디자인이 되었는가?

-지식을 어떠한 관점으로 접근하고 있는가?

-지식에 대한 배움과 가르침이 잘 일어나고 있는가?

-학생들의 배움이 학습 목표에 도달하지 못한 경우, 어떻게 보완되고 있는가? 등

수업 관찰 일지의 사례

수업 관찰을 할 때 사실과 해석을 구분하여 기록하는 것이 좋다. 왜냐하면 수업 참관자의 판단이 들어가면 수업을 있는 그대로 관찰하기 힘들고, 해석도 왜곡되기 쉽기 때문이다.

수업 진행(사실)	수업 분석(해석)
교사가 학습 목표를 질문 형태로 제시함. 이에 대하여 많은 학생들이 대답을 함.	교사가 질문 중심 수업을 하려고 노력하는 것으로 보임. 학생들의 적극적인 반응이 인상적임. 다른 학급에 비해 이 학급에서는 활발한 학생들이 많아 보임.
교사가 학생들에게 과제 분담 학습지를 부여하고 모둠 안에서 개인별 학습지를 풀고, 각자가 공부한 내용을 다른 학생에게 설명함.	교사가 어느 정도의 협동학습에 대한 이해가 있어 보임. 활동 진행 과정이 자연스럽게 느껴져서 평상시 수업에서도 협동학습을 자주 활용하는 것처럼 여겨짐.
모둠 활동 중 교사는 모둠 사이를 다니며 관찰하는데 적극적으로 개입하려고 함.	교사가 모둠 활동에 개입하는 것은 좋지만 학생들이 도움을 요청하지도 않았는데도 개입하는 것은 다소 과도한 개입으로 여겨짐. 과도한 개입은 오히려 학생들의 배움에 방해가 될 것 같음.
교사는 과제 분담 학습 활동 이후 핵심 개념을 간단히 설명하고 활동 과정에서 나온 오개념을 수정하고 보완 설명을 함.	설명과 피드백 시간은 짧았지만 학생에게 명쾌하게 이해할 수 있도록 지도함. 특히 설명에서 사용한 사례가 매우 좋았음. 교직 경력이 풍부하고 수업에 대한 준비가 잘 이루어져 보임.
교사의 설명 중에 일부 학생들이 집중하지 못하고 딴 짓을 함. 이에 대하여 교사가 타임아웃으로 단호하게 대응함.	교사와 학생과의 경계선이 다른 교사에 비해 다소 높아 보임. 교사의 완벽주의 경향이 다소 느껴짐.
차시 예고 시 교사가 다음 수업 활동에 대한 설명을 하고 학습 준비물에 대하여 강조함.	학습 준비물에 대한 강조는 완벽주의 경향으로 느껴짐.

수업 관찰(나눔) 일지 양식

○ 수업 일시 :   ○ 과목 :   ○ 대상 학년 및 학급 :

○ 학습 단원 및 주제 :   ○ 수업자 :   ○ 기록자 :

수업 관찰 내용 (수업 진행에 따른 사실 중심 관찰 내용)
수업 분석 및 수업 관찰 소감
· 학습 목표 도달 여부 :   · 수업자 분석 및 가르침 :   · 학습자 분석 및 학생의 배움 상태 :   · 교사와 학생과의 관계, 학생 상호 간의 관계 :   · 수업 관찰 소감 및 기타 :

수업 나눔 질문 만들기	
1	
2	
3	

수업나눔 소감

학생용 수업 설문지

오늘 수업에서 배운 것	오늘 수업 내용 중 잘 이해가 가지 않는 것
평상시 우리 선생님 수업의 장점은?	**평상시 우리 선생님 수업에서 아쉬운 부분은?**
우리 선생님은 ( )이다.	**수업나눔 소감**
왜냐하면?	

수업 관찰 시 유의사항

수업 관찰 시 수업 참관자들이 유의해야 할 사항이 있다. 첫째, 수업 참관자들의 수업 관찰 활동이 실제 수업 활동에 방해가 되어서는 안 된다. 일부 수업 참관자들은 수업 관찰을 위해서 과도하게 다가가서 관찰하거나 학생의 학습 활동에 개입하는 경우가 있는데, 이는 피해야 할 자세이다. 수업 관찰자들끼리 잡담을 하거나 불필요한 행동으로 인하여 학생들의 배움에 부정적인 영향을 미치지 않도록 주의해야 한다.

둘째, 사실에 기초하여 수업을 관찰하고, 주관적인 판단은 유보할 수 있도록 한다. 수업 참관 시 수업 참관자의 가치 판단이 들어가면 수업을 있는 그대로 관찰하기 힘들 수 있다. 비록 수업자의 단점이 많이 보이더라도 가치 판단하지 않고 사실 그대로를 관찰하여 기록할 수 있도록 하는 것이 좋다. 주관적인 해석과 판단은 가급적 유보하되, 기록이 필요한 경우 사실과 구분하여 기록하는 것이 좋다. 문제가 있다고 판단되는 부분이 있다면 이를 질문으로 만들어 수업 나눔 활동 시 대화를 통해 확인하고 그 원인을 다함께 분석하는 것이 좋다.

셋째, 다양한 시각에서 수업을 관찰할 수 있어야 한다. 수업을 배움의 관점으로만 바라보면 가르침을 놓칠 수 있다. 수업을 바라볼 때는 배움 입장, 수업자 입장, 관계 입장, 지식 입장, 수업 참관자 입장(수업 비평적 입장) 등 다양한 시각에서 바라볼 수 있어야 한다. 특정한 시각에만 매몰되어 있으면 수업을 온전히 이해하기 힘들어질 수 있고, 수업 나눔 활동 시 서로 마음의 상처로 연결될 수 있다.

넷째, 공개 수업과 일상 수업을 구분하여 관찰할 수 있어야 한다. 대개 수업 공개 시 보여주는 수업은 일상 수업과 다를 수밖에 없다. 특히 수업 장학이나 제안 수업의 수업 공개는 다수의 수업 참관자들 앞에서 수업 공개가 이루어지므로 일상 수업과는 거리가 먼 경우가 많다. 대개 공개 수업은 보여주기용 수업으로서 일상 수업에 비해 구조화되어 있고, 학생들의 배움 상태도 외부 관찰자의 시선을 의식해서 좋은 경우가 많다. 그러므로 수업 관찰 시 일상 수업과의 거리를 전제로 관찰하면 좋다. 즉, 공개 수업이라 해서 이루진 특별한 수업 활동인지, 일상 수업에서도 자연스럽게 이루어지는 수업 활동인지를 구분할 수 있으면 좋다. 이는 수업 활동 이후 학생들에게 확인 받거나 수업 나눔 활동 시 수업자를 통해 확인하면 좋다.

다섯째, 꼼꼼하게 수업을 관찰하고 이 내용을 세밀하게 기록할 수 있어야 한다. 수업 시간에는 많은 현상이 나타나는데 수업 참관자가 이를 꼼꼼하게 기록하지 않으면 다 기억할 수 없다. 풍성한 수업 나눔이 가능하려면 세밀하게 관찰하고 꼼꼼하게 기록하는 것이 매우 중요하다. 피드백의 기초 자료로서 수업 및 수업 나눔 활동을 동영상 촬영하는 것도 좋다.

5장.
수업 나눔 모임

왜 기존 수업 강평회는 교사의 수업 성장에 별로 도움이 되지 않을까?

기본적으로 수업 행위는 개인적인 행위가 아니라 사회적 행위이다. 수업은 교사가 학생과의 상호 작용을 통해 가르침과 배움이 일어나기 때문이다. 수업 전문성을 신장시키기 위해서는 수업 공개가 필수적이다.

그런데 교사 입장에서는 수업 공개에 대한 심리적인 부담감이 존재한다. 누군가 내 수업을 본다는 것 자체가 심리적인 부담감을 준다. 특히 기존 수업 장학 문화에서는 누군가의 수업을 보고 비판하고 평가하는데 익숙하기 때문에 누군가로부터 수업 공개를 통해 자기 수업이 평가된다는 것만으로도 부담이 될 수밖에 없다.

그런데 교사가 수업 공개에 대한 부담감을 이겨내지 못하면 자기 수업 성장을 기대할 수는 없다. 그러므로 모든 교사가 정기적으로 수업을 공개하는 것은 매우 의미가 있다. 가장 좋은 것은 늘 항시적으로 수업 공개를 하는 것이다. 보여주기용 수업이 아니라 일상 수업을 공개할 수 있는 학교 문화가 정착될 수 있어야 한다.

하지만 수업 공개의 목적은 수업 공개 자체가 아니라 수업 성장에 있다. 수업 공개의 결과가 수업 성장이 아니라 오히려 수업자에게 상처가 된다면 당연히 수업 공개를 꺼리게 될 것이다. 그런데 안타깝게도 기존 수업 공개 및 수업 강평회 문화를 살펴보면 수업자에게 심리적인 부담감만 주고 실질적인 수업 성장에는 부족한 경우가 많았다.

연구부장 : "오늘 수업 공개에 따른 수업 강평회를 실시하겠습니다.

먼저 교장 선생님 말씀을 듣도록 하겠습니다."

교장 :   "오늘 김 선생님께서 수업 공개를 해주셔서 감사합니다. 오늘 수업 강평회

시간이 수업자 뿐 아니라 참여자 모두에게 뜻 깊은 시간이 되면 좋겠습니다."

연구부장 : "오늘 수업 공개하신 김 선생님께 감사의 박수를 먼저 드리도록 하겠습니다."

참석자 모두 : (짝짝짝)

연구부장 : "수업자이신 김 선생님의 소감을 듣도록 하겠습니다."

수업자 :   "오늘 수업 준비를 통해서 많은 것을 배울 수 있는 시간이었습니다.

제 수업을 스스로 평가하자면 ~. 제가 부족한 부분이 많은데, 참석자 선생님들

께서 많은 조언을 해주시면 최대한 이를 반영하도록 하겠습니다."

연구부장 : "네 감사합니다. 이번에는 참관하신 선생님들의 의견을 들어보는 시간을 가지

도록 하겠습니다. 오른쪽에 앉아 계신 선생님부터 한 말씀을 해주시면 고맙겠

습니다. 혹시 하실 말씀이 없는 경우는 패스를 하셔도 좋습니다."

참관자1 :   "제가 김 선생님을 보면서 많은 것을 느꼈습니다. 무엇보다 수업 공개를

해주셔서 감사드리구요. 수업을 보면서 가장 좋았던 점은 ~ 이었습니다.

그에 비해 아쉬웠던 점을 꼽자면 ~ 부분이었습니다. 앞으로 이렇게 노력을

한다면 더 좋은 수업을 하실 수 있으리라 기대합니다. 감사합니다."

참관자2:   "저도 김 선생님 수업을 보면 이 점이 가장 좋았습니다. 그리고 아쉬웠던 점은

이 것 이었구요. 앞으로 이렇게 보완하시면 좋을 것 같습니다."

참관자3 :   반복

연구부장 : "네, 감사합니다. 많은 분들이 김 선생님 수업에 대하여 많은 이야기를

해주셨습니다. 교장 선생님께서 한 말씀 이야기를 해주시죠."

교장 :	"저도 김 선생님 수업을 보면서~."

연구부장 : "끝으로 김 선생님의 오늘 수업 강평회 소감을 들어보도록 하겠습니다."

수업자 :	"오늘 제 수업을 보시고 좋은 조언들을 해주셔서 감사합니다. 앞으로 더욱 열심히 노력해서 지적해주신 것을 보완하여 더 좋은 수업을 할 수 있도록 노력하겠습니다. 다시 한 번 감사를 드립니다."

연구부장 : "오늘 수업 공개해 주신 김 선생님께 다시 한 번 격려의 박수를 드리고 오늘 수업 강평회를 마무리하도록 하겠습니다. 학교 앞 식당을 예약했으니 바쁘지 않으시면 수업자 선생님과 함께 식사하시면 좋겠습니다."

기존 수업 강평회 문법은 기본적으로 수업자의 수업에 대한 장점을 칭찬하고 단점을 지적하고 해결 방안을 제시하는 것이다. 그런데 이러한 진행 방식은 여러 가지 문제점을 가지고 있다. 수업자 입장에서 생각해보면 쉽게 알 수 있다.

• 장점을 칭찬하기

수업 참관자들이 수업자의 장점을 칭찬하면 수업자 입장에서 일단 기분이 좋다. 그런데 과도한 칭찬은 오히려 수업자에게 불편한 마음을 줄 수 있다. 그리고 과도한 칭찬은 수업자가 자기 수업을 성찰하는데 방해가 될 수 있다. 수업 성찰은 자기 수업을 있는 그대로 볼 수 있도록 해주는 것이다.

"수업자 선생님은 평상시 수업에 대한 열정이 뛰어나고 오늘 수업을 위해 여러 가지 방법을 구조화하여 준비하셔서 너무 좋았구요..."

(수업자 속마음 : "사실 오늘 공개 수업이라 조금 더 신경 쓴 것 뿐인데...")

영혼 없는 칭찬도 문제. 형식적인 칭찬은 수업자에게 성찰을 유도하지

못하게 하고 큰 힘을 주지 못하기 때문이다.

"수업을 하시느라 애쓰셨어요."

(수업자 속마음 : "물론 애쓰긴 애썼지...")

• 단점을 비판하기

"제가 보기에 선생님 수업을 분석해 보니까 일단 목소리가 약간 작은 것

같고요, 시간 관리가 잘 안되어서 수업지도안대로 진행이 되지 않아서

마무리 단계에서 교사의 정리 활동이 잘 이루어지지 않았어요. 그리고 ..."

누군가 자기 단점을 비판하면 일단 기분이 나쁘다. 수업자 입장에서도 마찬가지이다. 공개 수업을 위해 장시간 동안 수업 준비를 했는데, 실제 수업이 제대로 진행되지 않으면 속상한데, 수업 참관자들이 그 부분을 지적하면 더욱 더 아프게 느껴질 것이다. 교사들은 기본적으로 누군가를 가르치는 일을 하기 때문에 장점을 칭찬하는 것보다 단점을 지적하는 데 익숙한 편이다. 그래서 다른 교사의 수업 장점을 찾기는 쉽지 않아도 단점을 찾아 지적하는 것에는 능숙한 편이다. 만약 10명이 수업 참관을 했다 가정하면 수업자의 수업에 대하여 10가지 이상의 문제점을 찾아낼 수 있을 것이다. 아무리 구조화된 수업이라도 수업 참관자의 시각에 따라 다양한 문제점을 얼마든지 찾아낼 수 있기 때문이다. 수업자의 단점에 대한 비판이 나오게 되면 수업자 입장에서는 심리적으로 위축될 수밖에 없다, 그래서 이 경우, 방어 기제를 통해서

자기가 자기를 스스로 보호하려는 행동을 취하기 쉽다.

"사실 제가 생각해도 오늘 수업이 불만족스러워요. 일단 제가 계획한 대로

수업이 잘 진행되지 않았구요..."

(수업자 속마음 : "이렇게 내가 먼저 자아비판을 해야 다른 사람들이

내 단점에 대하여 비판하지 않겠지")

"오늘따라 제가 긴장해서 표정이 굳은 것 뿐이구요, 오늘따라 컴퓨터가 제대로

작동하지 않아 로딩하는데 시간이 걸려서 전반적으로 수업 시간이

부족했구요..."

(수업자 속마음 : "나도 그 문제는 알고 있어. 하지만 오늘따라 너무 긴장한 것 같고,

컴퓨터도 제대로 작동되지 않았는데, 나보고 어쩌라는 거야? 그렇게 불만족스러우면

네가 한 번 우리 반 아이들을 대상으로 수업을 해봐. 내 잘못은 없어, 오늘 문제점들은

다 환경 때문이라구!")

- **해결책을 제시하기**

"선생님, 아까 일부 학생들이 수업 시간에 제대로 참여하지 못하고, 딴 짓하는 장면을 보았어요. 수업에서 질서 세우기가 매우 중요하다고 생각해요. 제가 최근에 학급 긍정훈육법에 대하여 배워서 실천했는데, 효과가 좋더라구요. 선생님, 이러한 상황에서는 학급 긍정훈육법에서 제시하고 있는 기술을 사용해보시면 어때요? 필요하시면 제가 관련 정보를 알려 드릴게요."

수업 참관자들이 수업자의 문제점을 지적하고 그에 맞는 해결책을 제시하는 경우가 많다. 그런데 그 해결책이 수업자에게 큰 도움이 되지 않는 경우

가 많다. 왜냐하면 수업자의 문제점도 수업자 입장에서는 나름대로의 이유가 있기 때문이고, 수업자의 경력, 교수 유형, 교육 철학 등에 따라 같은 문제점이라고 해도 해결하는 방식은 다양하게 존재하기 때문이다.

대체로 저경력 교사는 관계 세우기에 비해 질서 세우기가 쉽지 않다. 반대로 고경력 교사는 질서 세우기보다 관계 세우기가 쉽지 않다. 그런데 저경력 교사의 질서 세우기 문제를 고경력 교사가 볼 때는 답답하게 느껴질 수 있다. 그래서 자기의 방식을 이야기해주지만 저경력 교사가 그 방식을 그대로 따라한다고 해서 질서 세우기 문제가 쉽게 해결되는 것은 아니다.

수업 참관자 입장에서는 어떤 방법이 해결책일 수 있지만 수업자 입장에서는 그것이 별로 도움이 되지 않을 수 있다. 하지만 대개 내 입장에서 좋은 해결 방안이 다른 사람에게도 동일하게 좋은 해결 방안이 될 것이라고 착각하는 경우가 많다.

그렇다고 해결책을 제시하는 것 자체가 잘못된 것은 아니다. 수업자가 경험이 부족한 초보 교사이거나 수업자가 구체적인 해결 방법을 요구할 때는 의미 있는 피드백이 될 수 있기 때문이다. 하지만 그러한 경우가 아닌데도 불구하고 섣부른 해결책 제시는 오히려 수업자에게 심리적인 부담감만 줄 수 있다는 것이다.

기존 수업 강평회만으로는 수업 성장을 경험하기 힘들다. 그러므로 이제는 새로운 피드백 접근 방식인 수업 나눔 문화가 정착될 필요가 있다.

다양한 수업 나눔 모델

수업 나눔이란 각자 수업에 대한 고민을 나누고 공동의 해결 방안을 모색하는 것을 말한다. 수업 나눔 모임은 개인별 우수 수업 실천 사례를 나누는 것도 있겠지만 자기 수업 동영상을 보고 나누는 것이나 일상 수업에 대한 수업 일기를 나눌 수도 있다. 수업 나눔 자체는 말 그대로 수업자들의 수업 고민과 경험을 나누는 것으로 비구조화되고 포괄적인 개념이다. 하지만 최근 수업 혁신 운동 차원에서 진행되는 수업 나눔 운동은 보다 구조화된 수업 나눔 모델을 대안으로 제시한다. 수업 코칭 맥락에서의 수업 나눔은 일종의 집단 코칭 방식이라고 할 수 있다. 현재 다양한 수업 나눔 모델이 개발되었는데, 원형 수업 나눔 모델, 수업 토크쇼 모델, 수업 비담 모델 등이 있다. 학교 상황과 문화, 수업공동체 규모와 분위기에 따라 적절한 모델을 적용해 보면 좋을 것이다.

- ### 원형(原型) 수업 나눔 모델

  원형 수업 나눔 모델은 수업코칭연구소에서 개발한 수업 나눔 방식이다. [10]
  [진행 흐름]
  1. 수업자의 생각을 듣고, 수업에 관해 질문하기
  2. 수업 속 배움의 상황에 대하여 같이 알아가기
  3. 교사의 내면적 이야기를 듣기
  4. 수업 속 토의 주제 찾기
  5. 수업 속 도전 과제 찾기

---

10   김태현, "수업에서 나를 만나다", 좋은교사, 2012

• **수업 토크쇼 모델**

원형 수업 나눔 모델은 경험상 12명 이하의 경우에는 좋지만 참여자들이 그 이상 다인수인 경우에는 한계가 있다. 수업디자인연구소에서 다인수 그룹에 적당한 수업 나눔 방법으로 개발한 것이 수업 토크쇼 모델이다. [11]

[진행 흐름]

1. 수업자가 수업 의도와 주안점에 대하여 소개하기

2. 수업 동영상 바라보기

3. 모둠별로 수업자의 수업에 대하여 자유롭게 토의하기

4. 수업자와 수업의 장점에 대하여 구체적으로 칭찬하기

5. 수업자 입장에서 수업 바라보기

6. 학생의 배움 입장에서 수업 바라보기

7. 수업자가 자기 수업에 대한 고민을 이야기하기

8. 수업자의 고민에 대하여 참여자들이 함께 공동의 해결 방안을 모색하기

9. 수업자가 도전 과제를 선택하고 공언하기

10. 수업 나눔 참여자들이 활동 소감을 나누기

• **수업 비담 모델**

경남 아이함께 연구회에서 개발한 수업 나눔 모델은 수업 비담 모델이다. [12]

[진행 흐름]

1. 수업자 소개 및 수업 개괄적인 소개

2. 수업 동영상 바라보기

---

11   김현섭, "질문이 살아있는 수업", 한국협동학습센터, 2015
12   김명숙 외, "수업 고민, 비우고 담다", 맘에 드림, 2017

3. 수업과 수업자의 장점 나누기

4. 수업에서 관찰한 사실을 나누기

5. 토의 주제를 찾아 함께 말하기

6. 수업 나눔을 통해 모든 참여자들이 배우고 느낀 것을 나누기

수업 나눔 모델의 진행 방법

원형 수업 나눔 모델을 토대로 수정 보완한 수업 나눔 모델을 구체적으로 소개하면 다음과 같다.

- **1단계 : 수업자와 수업에 대한 장점에 대하여 구체적으로 칭찬하기**

   수업 나눔을 시작할 때 따뜻하고 포용적인 분위기에서 진행될 수 있도록 해야 한다. 수업 나눔 공간이 안전지대가 될 수 있도록 해야 한다. 그래서 일종의 아이스 브레이킹(얼음 깨기)도 필요하다. 따뜻한 분위기에서 수업 대화가 이루어지기 위해서는 칭찬과 격려가 중요하다. 칭찬은 구체적인 행동을 통해서 이루어져야 한다.

"오늘 수업하시느라 고생이 많아요. 저도 누가 들어와서 제 수업을 본다면

무척 부담스러웠을 것 같아요."

"오늘 선생님 수업을 보면서 자신감이 넘치는 태도와 명료한 발성, 효과적인

발문법이 참 좋았어요. 평소에도 수업 시간에 이렇게 수업하시나 봐요?"

"수업 공개를 하겠다고 결심을 낸 것에 대하여 박수를 보내드립니다.
자기 수업을 외부에 자발적으로 공개한다는 것이 그리 쉬운 일이 아닙니다."

- **2단계 : 수업자의 수업 생각을 듣고 수업자 입장에서 해당 수업을 충분히 이해하기**

수업을 제대로 이해하기 위해서는 수업자의 이야기에 대하여 잘 이해해야 한다. 수업을 준비하면서 고민했던 부분, 수업에 대한 주안점, 수업을 진행하면서 느꼈던 점, 자기 수업의 장단점 등에 대하여 이야기를 듣는 것이다. 그리고 나서 수업 코치들이 수업에 대하여 질문을 던지는 것이다. 성찰, 학생과의 관계, 교육철학, 교육과정, 교수학습방법 등의 관점에서 질문을 던지는 것이 필요하다.

"오늘 수업의 주안점을 무엇인가요? 오늘 수업에서 의도한 바는 무엇이고
어느 정도 의도한 바를 이루었는지 평가해본다면 어떤가요?"
"오늘 수업에서 학습 주제를 다루는 데 있어서 이러한 점을 강조한 것 같은데
제 이해가 정확한 것인가요?"
"오늘 수업에서 선생님이 집중하지 못한 학생들에게 특별한 주의를 주지
않으셨는데 그 이유는 무엇인가요?"

- **3단계 : 학생의 배움 입장에서 수업을 바라보고 학생의 시각에서 수업 이해하기**

학생 입장에서 수업을 이해하고 분석하는 것이다. 배움이 어디에서 일어나고 멈추는지에 대하여 이야기하는 것이다. 특히 학생 설문 조사 결과를 가

지고 이야기하면 평상시 교사의 수업 스타일을 이해하고 장단점을 분석하는 데 큰 도움이 된다. 특히 단점에 대하여 비판을 하는 것이 아니라 함께 고민해 나가는 자세가 중요하다. 문제점 자체보다는 문제점의 원인이 무엇인지 고민하면서 이야기를 풀어가는 것이 필요하다. 해당 교사의 문제점을 발견하게 되면 직접적으로 지적하는 것보다 학생의 관점에서 교사의 행동을 바라볼 수 있도록 해주면 좋다.

"오늘 수업 시간에 영식이를 중심으로 관찰했는데 선생님 수업에 대하여 잘 집중하지 못하고 딴 짓을 하는 경우가 많았는데, 이러한 사실을 잘 알고 계셨나요?"
"오늘 미선이네 모둠 활동이 잘 이루어지지 않았는데, 어떻게 해당 모둠 활동을 지도하는 것이 좋았을까요?"
"선생님이 수업 도입 단계에서 잘 집중하지 못한 A학생에 대하여 야단을 치셨는데, 수업 마무리 단계에서 이보다 잘 집중하지 않고 참여하지 않았던 B 학생에 대하여는 별 다른 제지 없이 수업을 진행하셨어요. 그런데 이 부분과 관련하여 A학생 입장에서 선생님의 이러한 행동에 대하여 어떻게 생각했을까요?"

• **4단계 : 수업자의 수업 고민에 대한 이야기를 듣기**

위에서 제시한 1, 2, 3단계 과정이 잘 이루어지게 되면 자연스럽게 교사의 수업 고민이 나오게 된다. 이때 교사가 수업과 관련한 고민을 충분히 이야기할 수 있도록 기회를 주어야 한다. 또한 수업 고민을 이야기하는 과정을 통해 교사가 가지고 있는 수업에 대한 두려움을 찾아낼 수 있다. 교사의 수업 속 두려움의 원인을 찾아 공감하고 두려움을 극복할 수 있도록 격려하는 것이 필요하다. 내면적인 고민을 충분히 이야기할 수 있으려면 상호 간의 신뢰 관계 형성이 전제되어야만 가능해진다.

사회자 : "평상시 선생님이 가지고 있는 수업에 대한 고민에 대하여 이야기 해보세요."

교사 : "제 수업의 고민은 문제 학생 삼총사들의 생활 지도 문제입니다. 오늘 공개 수업에서는 특별한 문제가 잘 드러나지 않았지만 일상 수업에서는 가만히 있지는 않습니다. 삼총사 아이들의 영향력이 매우 커서 학급 분위기에 부정적인 영향을 미치고 있어요. 물론 제 나름대로 여러 가지 방법을 사용했지만 행동의 개선을 잘 나타나지 않고 있어요."

• 5단계 : 수업 속의 토의 주제를 찾아 집중적으로 이야기하기

수업 대화 과정을 통해 자연스럽게 수업자의 고민거리가 토의 주제로 도출된다. 현실적으로 여러 가지 토의 주제를 제한된 시간 안에 다 다룰 수는 없다. 일단 수업 나눔에 있어서 시간적인 제약도 있고 여러 가지 토의 주제를 한꺼번에 이야기하면 초점이 흐려져서 중요한 부분을 놓칠 가능성이 있다. 그래서 정작 중요한 것은 놓치고 비본질적인 것만 남을 수 있다. 교사에 대한 이해, 학생의 이해, 교사와 학생과의 관계⇒교육철학⇒교육과정⇒교수학습 방법 순서로 우선순위를 두고 이야기를 하는 것이 좋다. 예를 들어 토의 주제가 수업 질서 세우기 문제라면 학생에 대한 관점, 교사와 학생과의 경계선 수위 문제, 수업 규칙 문제 등을 중심으로 이야기를 풀어 가면 좋을 것이다. 수업 관찰자들이나 수업 코치들은 집단 지성을 활용하여 해당 교사의 고민을 풀 수 있는 다양한 경험이나 제안들을 이야기하면 좋다.

사회자 :   "선생님의 여러 가지 수업 고민 이야기를 들었습니다. 이중에서 오늘

나눔을 통해 꼭 다루고 싶은 주제가 있다면 말씀해 주세요."

수업자 :   "오늘 수업 대화(나눔)를 통해 함께 고민하고 싶은 주제는 교사와 학생과의

경계선 세우기 문제입니다. 학생들에게 잘 대해주면 관계성은 어느 정도

이루어지는데 수업의 질서가 무너지는 경우가 많습니다. 반대로 학생들에게

엄격하게 대하여 수업의 질서를 세울 수 있으나 학생과의 관계성이 사라지는

경우가 많아요. 교사와 학생과의 경계선을 구체적으로 어떻게 세워야 할지

잘 모르겠어요."

사회자 :   "오늘 수업 나눔을 통해 여러 가지 수업 고민이 나왔지만 이중에서도

교사와 학생과의 경계선 세우기 문제를 다루어보도록 하겠습니다. 수업

안에서 질서와 자유가 공존할 수 있는 방안이 있다면 구체적으로 경험에

비추어 여러가지 대안들을 제시해 주세요."

참여자1 :   "제 경우에는 이 문제를 해결할 때 수업 시간 첫 시간부터 수업 규칙을

정하고 그 이유에 대하여 말해주었어요. 그랬더니..."

참여자2 :   "제 경우에는 문제 학생들에 대한 개별적인 상담을 자주 하는

편입니다. 예컨대..."

- **6단계 : 수업자가 스스로 도전과제를 선정하고 공언(실천)하기**

수업 나눔 활동을 통해 수업 속 도전과제를 찾고 실천해 볼 수 있도록 격려하는 것이다. 학생과의 인격적 관계 세우기가 초점이라면 학생 이름 외우

기, 눈을 바라보고 가벼운 스킨십을 통해 인사하기, 하루에 3번 이상 칭찬하기 등을 정해보는 것이다. 수업자가 직접 자신의 도전 과제를 설정하여 다른 사람들 앞에서 공언할 수 있도록 하면 좋다. 학생에게 실천해야 하는 도전 과제라면 학생들에게 공개적으로 이야기하고 협조를 구하면 좋은 효과를 거둘 수 있다.

사회자 : "오늘 교사와 학생과의 경계선 세우기 문제에 대하여 의견을 모아

보았습니다. 참 다양한 의견이 있었는데, 이중에서 선생님이 시도해보고 싶은

도전(미션) 과제가 있었나요? 선생님이 스스로 도전(미션) 과제를 만들어 보는

것도 좋을 것 같습니다."

수업자 : "여러 가지 의견 중 김 선생님의 제안이 좋다는 생각이 들었어요.

제 나름대로의 기준을 정리해보고 수업 규칙을 만들어 교실에 붙이거나 학생

들에게 직접 말하려고 해요."

사회자 : "네, 좋습니다. 그러면 다음 수업 나눔 활동 할 때 까지 수업 시간에

수업 규칙을 제시하고 실제로 지켜보도록 노력해 보세요. 그 과정과 결과에

대하여 다음번 모임 때 다함께 나누어 보도록 하죠. 감사합니다."

- **7단계 : 모든 참여자들이 수업 나눔 활동에 대한 소감을 나누기**

수업자 뿐 아니라 수업 나눔 활동에 참여한 모든 사람이 이번 수업 나눔 활동에 참여한 소감을 나누는 시간을 갖는다. 가급적 짧게 이야기할 수 있도록 하고, 참여자들의 숫자가 너무 많으면 수업 나눔 활동 시 한 번도 이야기하지 않는 사람에게만 이야기할 수 있는 기회를 주는 것이 좋다. 이는 일종의

평가 활동 및 메타 인지 활동으로서 수업 나눔 활동을 객관화하고 다음번 수업 나눔 활동을 좀 더 풍성하게 진행할 수 있는 기회를 제공한다.

참여자1 : "저는 오늘 수업 나눔 활동에 참여하면서 수업자의 고민과 제 고민이 동일하다는 생각이 들었습니다. 그래서 오늘 이야기가 저에게도 큰 도움이 되었습니다. 특히 수업 규칙 세우기가 중요하다는 것을 다시 한 번 깨달을 수 있는 시간 이었습니다."

참여자2 : "저는 오늘처럼 수업 고민을 자주 나누면 좋겠다는 생각이 들었습니다. 또한 구체적으로 칭찬하기, 과정 중심으로 칭찬하기 방법을 배울 수 있는 시간 이었고, 비판하기 대신에 질문을 통해 수업자가 스스로 성찰할 수 있도록 유도하는 것이 얼마나 중요한지를 직접 체험할 수 있어서 좋았습니다."

수업 나눔 활동의 규칙

수업 나눔 활동을 실제로 실천하는데 있어서 제일 먼저 필요한 것이 모든 참여자들이 수업 나눔 활동의 목적과 취지를 이해하는 것이다. 이를 위해서 전체 참여자들을 위한 수업 나눔 연수가 사전에 실행되면 좋다. 왜냐하면 참여자들이 수업 나눔에 대한 이해 없이 수업 나눔 활동이 진행되다 보면 여러 가지 실수나 문제점이 발생할 수 있기 때문이다.

수업 나눔 활동이 원활하게 진행되기 위해서는 수업 나눔 활동의 규칙을 정하고 이를 잘 지킬 수 있도록 하는 것이다. 수업 나눔 활동의 규칙은 수업 나눔 활동 직전에 전체 참여자들에게 다시 한 번 상기시키는 것도 좋다. 수업 나눔 활동의 규칙은 다음과 같다.

1. 수업자의 단점에 대하여 비판하지 않기 (공감과 성찰 중심)

수업자의 단점에 대하여 비판하게 되면 수업자가 마음의 문을 닫아 버린다. 수업자가 방어적 태도를 취한 상태에서 아무리 의미 있는 피드백을 한다 하더라도 수업자가 이를 그대로 받아들이기 힘들게 된다. 수업 나눔의 목적은 수업 나눔 활동을 통해 스스로 자기 수업에 대한 성찰을 하고 이를 통해 수업자가 스스로 자기 수업 성장을 위해 노력할 수 있도록 하는 것이다. 그러므로 수업자의 단점에 대한 지적질 하기는 무조건 피해야 한다. 대신 수업자의 고민과 감정에 대하여 충분히 공감하고 이해할 수 있어야 한다. 왜냐하면 참여자들이 수업자의 수업 고민에 대하여 충분히 공감을 해야만 수업자가 자기 마음 속 고민까지 자연스럽게 이야기할 수 있기 때문이다.

2. 가급적 수업 나눔 참여자들이 자기 생각을 3분 이상 이야기하지 않도록 하기 (수업자 중심)

수업 나눔의 주인공은 수업 나눔 참여자들이 아니라 수업자이다. 수업자가 자기 수업 이야기를 충분히 할 수 있도록 배려해야 한다. 수업 나눔 활동은 대개 60-90분 정도 진행되는데, 이중에서 수업자가 2/3를 이야기하고, 나머지 시간을 수업 나눔 참여자들이 이야기하면 좋다. 그러므로 참여자들은 가급적 짧게 이야기하는 것이 좋다. 교사들은 직업 특성상 설명하고 가르치려는 경향이 있으므로 의식적으로 노력하지 않으면 길게 이야기하는 경우가 많다. 그러므로 수업 나눔 활동의 사회자가 적절하게 이를 관리하고 진행할 수 있어야 한다.

3. 모든 참여자들이 가급적 모두 참여할 수 있는 기회를 부여하기 (참여 중심)

수업 나눔 참여자들이 방관자적 태도를 가지게 되면 수업 나눔 활동의 집중도가 떨어질 뿐 아니라 수업자가 참여자들의 소극적인 태도에 부정적인 영향을 받는다. 모든 참여자들이 가급적 수업자에게 질문을 할 수 있는 기회를 주면 좋다. 또한 수업 나눔 활동의 마무리 단계에서 모든 참여자들이 수업 나눔 활동에 참여한 소감을 이야기할 수 있는 기회를 주면 좋다. 이를 통해 수업 나눔 활동 평가회를 겸할 수 있다.

칭찬하기, 질문하기, 토의하기, 그리고 도전 과제 찾기

수업 나눔 활동에 있어서 중요한 접근 방법은 칭찬하기, 질문하기, 토의하기, 도전과제를 찾기이다.

• 칭찬하기

수업 나눔 활동에서 칭찬하기는 매우 중요한 부분을 차지한다. 칭찬하기는 수업자의 장점을 극대화하고 수업자와 수업 나눔 참여자들 사이의 긍정적인 신뢰 관계(레포)를 형성시킨다.

칭찬은 좋은 칭찬 방법과 그렇지 않은 칭찬 방법이 있다.

〈좋지 않은 칭찬 방법〉

1. 선천적인 본성에 근거하여 칭찬하기

"선생님의 외모가 뛰어나서 학생들이 좋아하겠네요."

"선생님은 타고난 장점이 많네요. 어쩜 유창하게 말씀을 잘하세요."

2. 단순하게 칭찬하기

"수업을 잘하시네요."

"말빨이 좋네요."

3. 결과에만 초점을 맞추어 칭찬하기

"그렇게 아이들의 성적이 많이 올랐다니, 뭔가 수업을 잘하는 비법이 있겠네요."

"수업 시간 활동을 많이 해서인지 그냥 보기에 좋네요."

〈좋은 칭찬 방법〉

1. 구체적인 사실에 근거하여 칭찬하기

"수업 15분경 영철이가 장난을 치면서 수업 내용과 상관없는 이야기로 수업

분위기를 흔들었는데, 선생님께서 흔들리지 않고 좋은 질문으로 자연스럽게 다음

학습 내용으로 연결하는 것을 보았는데, 이 점이 너무 좋았어요."

"수업 시간 내내 잠자거나 떠드는 학생이 한 명도 없이 집중하는 것을 보았는데,

선생님께서 사용하는 학습 동기 유발 방법은 재미를 넘어 흥미 유발에 초점을

맞추어 수업을 디자인한 것이 인상적이었습니다."

2. 과정을 중심으로 칭찬하기

"오늘 선생님이 이야기할 때 학생들의 눈빛을 보았는데, 선생님의 이야기를
집중할 뿐 아니라 따뜻하다는 느낌을 받았어요. 수업 20분경 선생님의 사소한
실수도 학생들이 오히려 좋은 반응으로 넘기는 것을 보았는데, 평상시 선생님과
학생들과의 관계가 매우 좋다는 것을 느꼈어요. 특히 지금 시기가 기말 고사 이후
라서 수업하기가 가장 힘든 시기인데도 불구하고 학생들의 높은 집중도를 발휘
할 수 있었던 것은 평상시 선생님께서 수업에 대한 고민과 실천을 꾸준히 실천한
결과라고 생각이 됩니다."

"오늘 프로젝트 수업 발표 내용을 살펴보니까 그 이전 수업에서 프로젝트 수업
진행이 차분하게 잘 이루어진 것을 느꼈어요. 저도 프로젝트 수업을 시도해
보아서 잘 아는데, 프로젝트 수업의 성공 여부는 학생들과의 피드백에 있다고
생각합니다. 평상시 학생들과의 피드백이 잘 이루어졌기 때문에 오늘과 같은
좋은 결과를 얻어낼 수 있었다고 생각합니다."

• 질문하기

수업자의 단점을 비판하지 말라는 것은 칭찬만 하고 넘어가자는 의미는
아니다. 수업자의 단점 부분도 성찰의 과정을 통해 있는 그대로를 인정하고
수업자가 자기의 단점을 보완할 수 있도록 해야 한다. 단점 보완 접근의 가장
좋은 방법은 질문하기와 경청하기이다. [13]

수업 나눔에서 질문이 중요한 이유는

---

13   김현섭, "수업을 바꾸다", 한국협동학습센터, 2013
       토니 스톨츠푸스, "코칭 퀘스천", 동쪽 나라, 2010

(1) 모든 정보와 정답은 수업자(피코칭자)에게 있다.

(2) 질문을 통해 수업자는 자기 자신을 객관적으로 성찰할 수 있도록 도와준다.

(3) 수업자 속에 숨겨져 있는 정답을 스스로 찾아 나갈 수 있도록 한다.

(4) 질문을 통해 수업자의 참여를 최대한 이끌어낼 수 있다.

〈좋지 않은 질문법〉

1. 가치 판단을 전제로 하고 질문하기

"저도 그러한 방법으로 학생을 지도해봐서 아는데, 별로 소용이 없을 거예요."

"오늘 수업 내용에 있어서 핵심 개념도 잘 모르는 상황에서 수업을 한 것은 아닌가요?"

2. 공격적으로 질문하기

"수업 시간이 부족했다는 것은 일종의 핑계가 아닌가요?"

"선생님, 수업 내용과 관련이 없는 질문을 던진 학생에게 아무런 반응을 보이지

않다가 갑자기를 화를 내는 것은 교사로서의 기본적인 자질이 부족한 행위가 아닌가

요?"

3. 추상적이고 모호하게 질문하기

"오늘 수업은 어땠어요?"

"선생님이 수업에서 가장 중요하다고 생각하는 것은 무엇일까요?"

4. 주로 닫힌 질문만 사용하기

"선생님은 주로 수업 시간에 강의식으로 수업합니까?"

"그 학생은 평상시에도 문제가 많은 학생이지요?"

5. 수업자 입장에서 대답하기 힘든 질문을 하기

"평상시 일상 수업도 이런 방식으로 수업을 하나요?"

"수업 시간에 딴 짓을 하는 학생들을 어떻게 지도하는 것이 가장 바람직하다고 생각하나요?"

〈좋은 질문법〉

수업 나눔 활동에 있어서 좋은 질문의 원칙은 수업 성찰을 유도하기,

구체적인 사실에 근거하여 질문하기, 수업자 입장에서 질문하기이다.

좋은 질문 요령을 제시하면 다음과 같다.

1. 객관적인 사실을 관찰한 것에 기초하여 질문하기

"오늘 수업 시간에 활용한 학습지의 내용을 살펴보니까 충분히 다 나가지 못한

것 같은데, 그 이유가 있나요?"

"선생님의 수업 규칙은 구체적으로 무엇인가요? 그 규칙에 어긋한 행동을 하는

경우는 어떻게 지도하나요? 오늘 수업에서는 30분경 뒷자리에 앉은 두 명의

학생들이 잠을 자고 있었는데, 이를 알고 계셨나요? 알고 계셨다면 수업 규칙대로

진행된 것으로 보기 힘든데, 특별한 이유가 있었나요?"

2. 수업 참관자 입장이 아니라 수업자 입장에서 질문하기

"오늘 수업의 주안점은 구체적으로 무엇이었나요?"

"선생님, 지난 수업을 성찰해 볼 때 그 수업을 다시 한다고 하면 그 학생을 어떻게

지도하는 것이 좋았을까요?"

"제가 선생님이라면 그 상황에서 그 학생에게 화를 냈었을 것 같아요.

그런데 그렇게 행동하지 않고 오히려 미소를 지으며 부드럽게 다음 질문을

하셨는데, 그 이유는 무엇일까요?"

3. 수업자가 말한 핵심 단어를 실마리로 삼아 질문하기

"선생님께서 수업 시간 뿐 아니라 학생들과 개인적인 만남을 가질 때에도 경어를 사용하

신 이유가 일종의 '거리 두기'라고 말씀하셨는데, 그 '거리 두기'의 의미는 무엇일까요?"

"선생님이 그 학생들이 수업 시간에 참여하지 않아도 별 다른 지도를 하지 않은 이유는

일종의 기다림이라고 말씀하셨는데, 그 기다림이란 구체적으로 어떤 의미인가요? 그렇

다면 기다림과 방치의 차이점은 무엇이라고 생각하세요?"

4. 가급적 열린 질문을 사용하기

"교육과정 재구성 시 선생님이 강조하는 방향과 기준은 구체적으로 무엇인가요?"

"오늘 수업 주제를 하브루타 모형이 아닌 강의식 수업으로 진행되었다면 어떠한 결과가

나왔을까요?"

5. 두서없이 질문하지 말고 전략적으로 질문하기

누가 ⇒ 왜 ⇒ 무엇 ⇒ 어떻게 순서로 질문하기

수업 나눔 활동 속에서 여러 가지 토의 주제가 나왔다 하더라도 그 중에서 가장 중요하다

고 생각하는 한 가지 주제를 찾아 집중적으로 질문하기

- **토의하기**

수업 나눔 활동은 수업자의 수업 고민에 맞추어 대화가 진행된다. 대개 여

러 가지 토의 주제가 나오게 되는데, 이 문제를 짧은 시간 안에 다 이야기할

수는 없다. 이 경우, 수업자 입장에서 가장 중요하다고 생각하는 토의 주제를 한 가지 선정하여 집중적으로 이야기하면 좋다.

그동안 수업 나눔 활동의 경험에 비추어 볼 때 주로 나왔던 토의 주제들은 다음과 같은 것들이 있었다. [14]

- -수업 규칙은 어떻게 세워야 할까?
- -문제 학생을 어떻게 지도하는 것이 좋을까?
- -무기력한 학생들을 방치해야 하나? 적극적으로 지도해야 하나?
- -칭찬 스티커를 주어야 할까?
- -학생 자리 배치를 어떻게 하면 좋을까?
- -학습 수준이 다른 학생들을 대상으로 어떻게 수업하는 것이 좋을까?
- -협동학습이나 프로젝트 수업을 하려면 어떻게 해야 하나?
- -교육과정-수업-평가-기록의 일체화를 어떻게 구현해야 하나?
- -수업 디자인한 대로 수업이 잘 진행되지 못하는데, 어떻게 하면 좋을까? 등

수업 나눔 활동의 경우, 수업자가 자기 고민거리를 이야기할 때 사적(私的) 인 내용은 의도적으로 피하고 일반적인 주제를 제시하는 경우가 있다. 이 경우, 억지로 수업자의 사적인 내용을 다루기보다 수업자가 제시한 토의 주제를 중심으로 이야기를 진행하면 좋다. 수업자가 자기 마음을 연 만큼만 나아가는 것이 좋다. 수업자가 준비되지 않은 상태에서 '직면하기'는 오히려 역효과만 낼 수 있다. 중요하지만 사적인 내용을 공개하기 힘들어 하는 경우는 수

---

14   수업 나눔 활동 시 다루었던 토의 주제들을 중심으로 정리한 책이 "철학이 살아있는 수업기술"이다. 참고하면 좋다. 김현섭, "철학이 살아있는 수업 기술", 수업디자인연구소, 2017

업 나눔 활동 이후 별도로 개인적인 수업 코칭 대화를 갖는 것이 좋다.

수업 나눔 진행자는 제한된 시간 안에서 다룰 수 있는 문제를 토의 주제로 선정할 수 있도록 진행하는 것이 좋다. 수업자의 고민을 짧은 시간 안에 다 다루기 힘들기 때문에 수업 나눔 진행자가 적절하게 주제를 선정하는 지혜가 필요하다. 수업자의 고민이 추상적인 문제라면 가급적 구체적인 고민 문제로 전환하여 다루는 것이 좋다.

- **도전과제를 찾기**

수업자 입장에서 함께 고민하고 그에 맞는 도전 과제를 찾는 것이 좋다. 즉, 수업자에게 정답을 제시하는 것이 아니라 해답을 함께 모색하여 찾아보는 것이 핵심이다. 도전 과제는 수업자가 자기 수업에 대한 깊은 성찰이 이루어진 뒤 제시하는 것이 가장 좋다. 왜냐하면 수업 성찰이 제대로 이루어지지 않은 상태에서 도전 과제 부여는 수업자에게 심리적인 부담감을 줄 수 있기 때문이다.

도전 과제를 모색할 때는 수업자의 상황과 교수 유형 등을 고려하여 맞춤형 도전 과제를 모색하는 것이 좋다. 도전 과제는 크게 장점 극대화 전략과 단점 보완 전략으로 나눌 수 있다. 장점 극대화 전략은 도전 과제를 성취하기 좋은 방법이지만 단점 보완 전략은 수업자가 의식해서 노력해도 성취하기가 쉽지 않다. 그러므로 도전 과제는 수업자의 상황에 따라 이 둘을 적절하게 조화시켜 모색하는 것이 좋다. 수업 성장을 위한 도전 과제 사례들을 제시하면 다음과 같다.

[전반적인 도전 과제 문제]

- 수업 일기 (수업 성찰 일지 쓰기)

- 자기 수업 동영상을 보고 분석해 보기

- 수업 관련 도서를 읽고 독후감 쓰기 등

[관계 세우기 문제]

- 학생들의 이름을 외우기

- 눈 맞춤을 하면서 질문하고 학생이 대답할 때까지 충분히 기다리고 반응을 보이기

- 관계 세우기를 위한 간단한 이벤트를 시행하기 등

[질서 세우기 문제]

- 학생들과 함께 수업 규칙(생활 규칙, 교실 약속)을 만들기

- 문제 행동에 대하여 단계별로 대처하기

- 문제 학생과 개별적으로 상담하기 등

[수업 디자인 문제]

- 공동 수업디자인을 하기

- 새롭게 교육과정 재구성을 도전해 보기

- 참여적 교수 전략을 실행하기

- 다양한 수업 모형을 실천해 보기

- 도움이 될 만한 연수에 참여(추천)하기 등

아무리 좋은 도전 과제라도 외부자들이 제시하면 수업자에게는 수동적으로 수행하는 입장이 된다. 도전 과제를 능동적으로 수행하고 수업자의 성찰을 유도하기 위해서는 수업자가 스스로 자기 수업 도전 과제를 생각해보고 스스로 결정하여 실천할 수 있도록 하는 것이 좋다. 그리고 나중에 수업 도전 과제를 어떻게 수행하고 그 결과를 어떠했는지를 점검하고 피드백을 할 수 있는 기회를 가지면 더욱 좋을 것이다.

수업 나눔 활동의 실제

어느 수업공동체에서 실제로 진행한 수업 나눔 활동 내용을 정리하여 소개하고자 한다. [15]

• 수업자의 수업 소개 및 수업의 주안점 이야기

저는 ○○초등학교에서 3,4,5,6학년 과학을 전담합니다. 그 중 이 수업은 4월 첫째 주에 한 3학년 수업입니다. 고체, 액체, 기체를 배우기 전 차시로 자갈, 물, 공기를 관찰하여 비교하는 공부를 해야 합니다. 저는 과학수업에서 아이들에게 잘 듣기, 친구들과 협력하며 배우기, 궁금해 하며 질문하기를 항상 이야기 합니다. 특히 3학년은 과학 교과와의 첫 만남 맞이하는 학년입니다. 첫 인상이 평생의 과학수업에 대한 호감도가 결정될 수 있기에 이 아이들이 계속 좋아했으면 좋겠다는 생각으로 수업을 진행했습니다.

---

15 2016년 경남협동학습연구회 아이함께 연구회 주관 수업코칭 연수에서 실시한 수업 나눔 활동을 기록한 것이다. 연구회는 경남 지역 초등학교 교사들을 중심으로 이루어진 자율적인 교사 연구 모임이다. 일반적으로는 사회자와 코치 역할을 구분할 수 있는데, 여기에서 사회자가 코치 역할을 겸하여 진행하였다.

학년 및 교과	[3학년 과학] 1-(3) 물질의 상태 (8/12)
학습주제	자갈, 물, 공기 비교하기
수업자 의도	과학 교과를 처음 접하는 3학년 아이들 모두가 "재밌다. 신기하다. 왜 그럴까? 아~ 궁금해!" 등 과학 교과에 대한 긍정적인 이미지를 갖게 하는 것이 목표이다. 이는 아이들이 서로의 생각에 귀 기울여 듣고, 동료와 협력하며 질문을 만들며 적극적으로 참여하는 가운데 자연스럽게 스며들기를 바란다. 본 차시는 자갈, 물, 공기를 다양한 방법으로 관찰해 차이점을 설명을 통해 이어서 배우게 될 고체, 액체, 기체 개념 도입을 위한 도움닫기 역할을 하는 시간이다. 따라서 먼저, 관찰하는 과정에서 협력하게 만든다. 다음으로 서로의 생각 듣기를 통해 또 다른 질문을 갖게 한다. 이는 지난시간까지 배운 과학용어를 사용해 설명하는 과정을 통해 물질의 특징을 비교하며 정리하도록 수업을 설계하였다.

• **수업 동영상 보기 및 수업 흐름 개관**

수업흐름	• 협력하며 관찰하기 - 모둠친구들과 협력하여 자갈, 물, 공기를 다양한 방법으로 관찰하기 - 궁금한 점(질문) 갖기
	• 과학용어를 사용해 설명하며 생각 나누기 -자갈, 물, 공기의 특징 찾기 -비교하며 설명하기
	• 오늘이 배움 정리하기 -배움 일기 쓰기 및 나누기

- 수업 나눔 활동

사회자 : 먼저 구체적으로 칭찬하는 시간을 가져보겠습니다. 수업을 보시면서 좋았던 점

이있으면 순서 상관없이 자유롭게 이야기하고 싶으신 분부터 말씀해 주십시오.

가급적 구체적으로 칭찬해주세요.

참여자1 : 수업이 자연스러웠어요. 촬영을 하고 있는데도 불구하고 그것이 전혀 생각이

안날 정도로 아이들이 신경 쓰지 않고 하는 것이 좋았습니다.

참여자2 : 교사가 질문으로 아이들 생각을 끄집어내는 것이 인상적이었어요.

참여자3 : 선생님이 아이들 입에서 나오는 말들을 연결하고 되돌려주는 것을 너무 잘하셔

서 부러웠습니다.

참여자4 : 목소리 강약을 통해서 아이들을 집중시키는 것이 인상적이었습니다.

참여자5 : 교사의 수업 장악력이 들어갔다가 빠졌다가 왔다갔다 자유롭게 아이들을

쥐락펴락 하는 것이 대단했다고 생각합니다.

참여자6 : 선생님이 아이들 눈을 맞추면서 수업을 하는 것이 좋았습니다.

참여자7 : 교사가 집중기호나 약속구호가 없이 선생님이 기다려주고 '조용히 해라' 라는

말없이 선생님의 목소리 강약 조절하면서 아이들을 쳐다보면서 아이들을

집중시키는 것이 좋았습니다. 선생님과의 유대관계, 친밀도가 형성되어 있다고

보았습니다.

참여자8 : 그게 이뤄질 수 있었던 이유는 경청하는 자세가 학생들이나 교사 모두 잘되어

있기 때문이라고 보았습니다. 학생이 이야기 하면 다른 아이들도 잘 들어주었고

선생님도 그 아이의 이야기를 잘 듣고 있다는 그런 장면이 많이 보였다. 경청

하는 자세가 4월임에도 불구하고 '잘 형성되어 있구나!'를 느꼈습니다.

참여자9 : 무언가를 발견하려면 생각할 거리가 있어야 하는데 지난 시간에 했던 것을

아이들 입에서 나오게 해서 생각 재료들을 눈에 보이게 명시했습니다.

비교하기에 들어가기 전에 디딤돌로 "이 시간에 무엇이 가장 중요할까?",

"어떻게 해야 할까?" 아이들 입에서 관점을 조금씩 나오게 했습니다.

이처럼 아이들이 생각할 거리를 디딤돌로 줬던 것이 좋았습니다.

참여자10 : 먼저 아이들을 집중하게 만드는 힘이 있었습니다. 그 힘이 무얼까? 구체적
으로는 소리의 강약조절, 표정변화를 통해서 침묵신호, 집중신호를 쓰지 않고
도 선생님의 표정과 억양을 통해서 집중하게 만드는 것은 대단한 힘이라는 생
각이 듭니다. 오랜 시간동안 고민을 통해 그 내공이 쌓였기에 가능하지 않았
을까 싶습니다. 쉽게 생기는 것이 아니라는 생각이 듭니다. 다른 하나는 아이
들과 굉장히 친밀감이 있었던 것 입니다. 관계에 있어서 현실적으로 4월,
한 달 밖에 안 된 시점인데 놀라웠습니다. 사실은 더 놀랐던 것은 선생님이
일반 담임이 아니라 교과 전담이라는 것입니다. 그나마도 3시간을 수요일
에 몰아서 수업을 하신다고 하셨으니까 일주일에 한 번 밖에 만나지 못하는
현실적인 한계가 있는데도 친밀한 관계를 맺고 계셨습니다. 선생SLA이 아까
선생님의 고민을 이야기 하실 때 교과 전담이라서 아이들과 친밀한 관계 맺기
가 안 된다고 하는 것이 고민이라고 하셨는데 그럼에도 불구하고 실제 수업을
봤을 때 아이들과 떨어져 있는 것이 아니라 상당히 가까이 있었습니다.

참여자11 : 인상적이었던 것이 수업 도입 10분 경 오늘 물과 자갈과 공기에 대한 비교 활
동에 대해서 한다고 했을 때 두 번째 모둠에 있는 여학생 한 명이 옆 짝꿍에게
"재미있겠다."라는 표현을 했던 것입니다. 제가 보기에는 물과 자갈을 관찰
해도 별로 재미없을 것 같았습니다. 주제 자체나 소재 자체가 흥미로운 것이
아님에도 불구하고 아이가 친구한테 재미있겠다고 표현한 것은 소재 자체가

가지고 있는 힘보다 선생님이 이 수업활동에 의미 부여를 잘 했기 때문에 아이의 반응이 그러하지 않을까 싶습니다. 그러면서 앞부분에 10분 정도 선생님이 풀어간 이야기들이 아이들에게 충분히 내면화 되고 동기부여를 했기 때문에 가능하지 않았나는 생각이 들었습니다. 그리고 이것을 풀어 가는데 있어서 많은 선생님들은 이 주제로 연역적으로 풀어갔을 것으로 봅니다. 모양은 이러이러하고 색깔은 이러이러하니까 개념을 생각하고 난 후 실험을 직접 해 보는 연역적인 방법으로 수업을 디자인을 합니다. 그런데 선생님의 역발상으로 보통은 시작부분에 발문이나 퀴즈로 하는데 선생님은 핵심 키워드로 간단하게 정리를 해주고 난 다음 실험으로 먼저 경험하게 한 후 관찰한 사실을 가지고 칠판나누기를 하는 방식으로 개념을 정리해 가는 귀납적인 방법을 택했습니다. 신선하고 의미 있는 접근이 아니었을까 합니다. 기존의 수업과 다른 관점에서 수업을 디자인해서 풀었기 때문에 수업관찰자 입장에서 흥미롭게 수업을 볼 수 있었습니다.

사회자 : 선생님들이 많은 이야기를 해주셨는데 들으면서 어떠세요?

수업자 : 꿈보다 해몽이라고, 제가 생각했던 것 보다 선생님들이 다른 관점으로 봐주셔서 확실히 좋네요. 그런데 제가 비관주의자라서요. 제가 수업을 두 번째 보는데 또 아이들이 얼마나 힘들었을까? 내가 굳이 저렇게 해야 했나? 이렇게 수업을 보고 있었어요. 이 아이를 왜 그렇게 놓아두었을까 반성하면서 보았는데 선생님들이 칭찬하니까 갑자기 '음~ 나 잘했어.' '그래! 이런 의도가 있었어.' 자기 암시를 할 수 있었던 것 같아요.

사회자 : 선생님 수업을 보았을 때 스스로 자평 점수를 매긴다면 백점 만점에 몇 점을 줄 수 있고 그 이유를 이야기해 주시는데 일단 상황을 나눴으면 좋겠어요.

수업 직후에 서는 백점 만점에 몇 점을 주었고 그 이유가 무엇인지. 시간이 지나 지금 6개월이 지났으니까 지금 시점에서 다시 봤을 때는 백점 만점에 몇 점을 주고 그 이유가 무엇인지 이야기해주시면 감사하겠습니다.

수업자 : 수업 직후에 40점, 50점 보다 아래 정도. 수업 중간에 '아이들을 혼란을 빠지게 했구나!'를 느꼈습니다. '아이들이 좀 더 쉽게 갈 수 있는 방법을 선택할 수 있었는데 내가 3학년에 맞지 않는 수업을 선택했나'하는 생각을 했습니다. '내가 3학년을 아직 모르는구나. 과학을 아직 모르는구나.' 그 생각을 해서 40점을 줍니다. 그런데 오늘은 보니까 직후 점수보다는 조금 올라간 50점! 아래도 아니고 위도 아닌 중간이라고 본 것은 아까는 사실은 그대로 40점 이었는데 선생님들이 말씀하시는 것을 들으니 10점 더 올려도 되겠다 싶은 것과 아까 "재미있다."는 이야기를 하셨는데 제게 계속 재미있다고 이야기를 해주는 3학년 아이들 때문입니다. 저는 재미있는 사람이 아닌데. 수업이 재밌데요. 저는 뭐가 재미있는지 모르겠는데 근데 계속 재밌데요. 그래서 10점을 더 주었어요. 내가 이 부분을 잊고 있었어요. 이 아이들이 재밌어 한다는 그 사실에 지금은 50점을 주고 싶습니다.

사회자 : 대개 이 질문을 던지면 수업자 선생님들이 70점~80점을 주는 경우가 많아요. 낮은 점수를 주는 분들은 수업이 의도한 대로 되지 않았을 때 망쳤을 때 그렇게 주거든. 객관적인 입장에서 수업을 보았을 때 의도한 학습목표에서 멀리 떨어져 있는 것 같지 않고 그렇다고 아이들이 떠들고 난리치고 배움의 집중도가 현저히 떨어져 있는 것도 아닌데 점수를 40점, 50점 준다는 것은 '짜게 주지 않았나.'하는 그런 생각이 들었어요. 선생님이 아까 뭐라고 말씀을 하셨냐면 처음에 "저는 비관주의자라서요."라고 해서 비관주의자라는 것이 무

슨 뜻인지 궁금하네요.

수업자 : 어떤 상황을 볼 때 안 좋은 점부터 보는 거예요. 긍정적인 면보다. 특히 내 모습을 볼 때. 아이들을 볼 때는. 음~ (갑자기 울컥 눈물이 나올 듯) 아이고 이상하네. 음...그래서 음...그렇게 긍정적으로 보고 싶은데 나를 비관적으로 보는 것. 계속 아이들이 힘들지 않았을까. 재미있다고 했는데 진짜 재미있었을까 계속 의심하는 거예요. 그 상황에 대해서. 그리고 음...내 자신에 대해서 의심하는 거. '니가 과연 알고 있니?', '니가 관찰을 알아?' 하는 것. 그런 면에서 비관주의자 라고 한 거예요.

사회자 : 그런데요, 진짜 비관주의자들은 아이들을 싫어하거든요. 왜냐하면 모든 상황을 부정적으로 봐요. 시니컬한 선생님이 수업을 하면 아이들도 차갑게 느껴져요. 왜 이렇게 차갑게 이야기 하지. 왜 모든 상황을 부정적으로 이야기 하지. 그런데요. 최소한 아이들이 재밌겠다는 이야기는 하지 않거든요. 왜냐하면 선생님이 툴툴 거리면서 차갑게 이야기하면 불만스럽게 수업을 하면 아이들도 알아요. 정서가 전달되었을 때 최소한 수업을 재미있다고 이야기 안하거든요. 아이들이 수업 중간에 스스로 재미있겠다고 이야기 하는 것은 제가 수업 동영상을 수백 편을 봤는데 진짜 이런 반응은 처음이었어요. 그리고 방금 뭐라고 그랬냐면 아이들이 기회가 있을 때 마다 이게 처음이 아니라 다른 장면에서도 '재밌겠다.'라는 아이들이 그런 기대감을 표현했다고 하셨는데. 아무래도 이해가 안 되는 게 냉소주의자, 비관주의자였으면 아이들이 재밌겠다는 표현을 안 써요. 도저히 연결이 안 되거든요. 설명이 안 되거든요. 이 문제를 어떻게 생각하세요, 선생님?

수업자 : 돌다리를 열 번을 두드려도 안 건너가는 스타일이에요. 그리고 변화를 싫어해요.

그런 측면들로 봤을 때 내 자신을 부정적이라고 분석해요. 그런데 다른 사람들은 내가 그렇게 안 보인데요. 나는 내가 속으로 봤을 때 나의 못난 모습만 계속 보이는 거예요.

사회자 :   그런데요. 최소한 비관주의자라면 혁신 학교에 안 갔을 거예요. 내가 왜 이렇게 사서 고생하나 하면서. 그런데도 선생님은 '나는 마음에 안 든다.' 그렇게 하는 게 이해가 안 되는 거예요. 이야기하면 할수록 이해가 안 되는 거예요. 제 입장이 난감한 느낌이 들거든요.

수업자 :   음...제가 아이들 배움 일기를 쓰게 하는데 거기에 아이들이 내 칭찬하는 것을 써요. 저는 칭찬을 먹고 살거든요. 아이들이 쓴 긍정적인 말을 보며 '그래 잘하고 있어' 하면서 내가 내 자신을 나쁘게 안 보려고 노력하고 있는 것 같아요. 그런 면에서 많이 변했고. 그래서 설명이 안 되는. 그런데 기본적으로 항상 최악의 상황을 먼저 생각해요.

사회자 :   예, 감사합니다. 이제부터는 돌아가면서 이야기를 나눠보도록 할게요.

참여자1 : 선생님이 수업에서 말씀하실 때 딱 한 박자 쉬고 난 다음에 항상 웃으세요.

수업자 :   내가 그랬나요? 그건 의식하고 하는 행동은 아닌 것 같아요. 그런지 몰랐어요.

참여자2 : 아이들이 소란스러울   때 못 견디는 선생님들이 많은데 선생님 수업하실 때 잘 넘기시던데 솔직한 그때의 선생님 기분이 어떠셨는지?

수업자 :   그렇게 소란스럽게 들리지 않아요. 모둠활동이나 관찰 상황에 놓여 지면 갑자기 고함을 지른다든지 책상에 올라간다든지 하는 정도가 아니라면 소란스럽게 느끼지 않아요. 마음에 평정을 잃지는 않아요. 당연하다는 생각이에요.

사회자 :   그럼 선생님이 화내는 지점은 구체적으로 어디인가요? 그럼 언제 화를 내고

언제 혼을 내는지. 선생님이 중요시하는 질서 세우기의 선이 있을 것 같은데 그건 무엇일까요?

수업자 : 그 아이가 주변에 부정적 영향을 크게 줄 때. 옆에 아이 공부하는데 크게 방해를 할 때 혼을 내죠.

참여자3 : 아이들의 문제행동을 허용을 하는 게 쉽지가 않은데. 선생님 말씀처럼 결혼을 해 보고 아이를 낳아보고 여러 경험을 해봐야지 안다고 했는데. 그런 경험을 해 보지 않고 그렇게 할 수 있다는 게 놀라워요. 통제수단, 집중신호를 쓰지 않고 처음부터 끝까지 집중할 수 있게 만드는 노하우가 있는 것 같은데 그 노하우와 이를 위해 어떤 노력을 하시는 것인지 궁금합니다.

수업자 : 부자연스러운 것을 싫어해요. 협동학습의 침묵신호를 많이 사용했어요. 그러다 뭔가 이상하다는 생각을 했어요. 아이들이 떠드는데 텔레비전 소리를 줄일 때도 100일 때 0으로 갑자기 줄이는 것이 아니라 99, 98, 97...이렇게 점점 떨어지는 시간이 있으니까 그만큼만 내가 참으면 조용해지지 않겠는가, 갑자기 조용하게 빨리 만들 필요는 없겠다는 생각이 든 다음에는 정확한 침묵 신호는 필요하지 않겠다는 생각을 했어요.

사회자 : 그렇다면요. 협동학습을 오랫동안 하신 분들은 침묵 신호뿐 아니라 협동학습 의 구조적인 기술을 많이 써요. 그런데 선생님 수업을 분석해 보면 칠판나누기 외에는 그다지. 그나마 칠판나누기도 칠판나누기 같지 않은 느낌. 그게 전 좋다고 보지만. 어쨌든 협동학습을 오래하신 선생님인데도 협동학습의 색깔이 그렇게 많이 느껴지지 않았거든요. 어떤 이유가 있는지?

수업자 : 구조가 우리가 배우는 것들을 방해한다는 생각이 어느 순간 들었어요. 그걸 익히는 시간들이 필요하니까 이 시간들이 의미가 없지 않나. 다른 방법

으로 아이들과 할 수 있는데. 구조 익히는 시간들이 교육적이지 않다는 생각이 들었어요. 그래서 어느 순간 나도 모르게 하나씩 하나씩 버리게 되더라구요. 물론 반에 따라서 상황에 따라서 구조를 사용하긴 합니다.

참여자4 : 과학적 개념을 끌어내기 위해서 선생님의 멋진 아이디어로 끌어간다는 생각이 들었는데 선생님은 평소에 수업을 하실 때 아이디어를 어떻게 끌어 오나요?

수업자 : 이 아이들이 뭐든지 재미있다고 해줘요. 돌맹이 하나를 줘도 재미있다고 하고 물 떠오는 것도 재미있다고 하고, 이야기하는 것도 재미있다고 하고. 계속 그러는 거예요. 제가 뭘 짜자잔 하고 준비를 안 해도 이 아이들이 재미있다고 해주는 거예요. 특별한 것을 애써서 끌어올 필요 없이 우리 교육과정에서 요구하는 것으로 시작을 해도 재밌어 해요. 이 아이들이 훌륭한 거죠. 이 3학년 아이들에게는 특별히 제가 연구를 하지 않아요.

참여자4 : 선생님 평소의 모습이네요.

수업자 : 아니요. 3학년 아이들이 훌륭한 거예요.

사회자 : 같은 학교에서 오신 다른 선생님 계시지 않나요? 아이들이 다 그런가요?

동료 교사1 : 하하하~ 제가 그 아이들 1학년 때 담임을 했습니다. 저기 저 선생님이 2학년 때 담임을 했습니다. 하하하. 이 아이들이 1학년, 2학년 때 과학실과 같은 층에 서 공부를 했는데 과학실에 항상 들어가서 공부하고 싶어 했어요. "선생님 언제 과학실 가서 공부하는 거예요?" 이렇게 질문을 했구요. 그럴 때마다 저는 "공부를 열심히 해서 3학년이 되면 과학실에서 공부하게 된단다." 라고 했지요. 아이들에게 기대감을 심어 준거죠. 그리고 학교 전체가 함께 아이들이 배움에 흥미를 갖게 하기 위해 협력하고 있어요. 그리고 선생님이 친절하시니까요.

수업자 :   아이들이 선행학습을 하지 않아요.

참여자5 : 그렇다면 다른 학년은요?

수업자 :   다른 학년은 표현을 잘 안 해요. 3학년이 유달리 말로 표현을 잘해요.

사회자 :   그 반 아이들이 모든 선생님께 다 그런가요?

동료 교사2 : 수업에 들어오시는 선생님이 많이 없어서. 전담이 1명밖에 없어요. 그리고
           이 아이들이 학교 오는 것을 좋아하는 아이들이에요. 3학년이 되어서 처음
           만나는 과목인 사회와 과학. 이 아이들에게 사회, 과학은 무조건 재미있는
           과목으로 만들어주자고 결심을 했거든요.

참여자6 : 이 수업을 찍은 것이 4월 달인데 지금은?

수업자 :   지금도 사회와 과학이 재미있다고 아이들이 이야기 합니다.

참여자7 : 선생님이 듣기 수업에서 강조하시는 것이 듣기, 협력, 질문이라고 하셨는데
           수업 자평이 40점이셨는데 선생님이 수업 끝나시고 실제로 바랐던 점이 있으
           셨을 것 같습니다. 그것이 무엇인지?

수업자 :   사실은 저는 쉬운 길을 알잖아요. 먼저 실험을 하고 정리를 하는 것이 아니라,
           좀 더 쉬운 방법인 기준을 주고 관찰하고 시범을 보이고 주어진 낱말로 비교
           하기를 했더라면 글자를 모르는 친구까지도 할 수 있었을 텐데 그 친구가 못
           했단 말이에요. 내가 3학년에게 너무 어려운 방법을 적용한 것이 아닐까.
           못하는 몇 몇 친구들이 있는데 그 친구들을 보면서 오늘 수업이 잘못되었다는
           생각을 했습니다.

참여자7 : 질문을 이어서 '관찰을 어떻게 할까?'라며 모호하게 이야기하신 다음 모둠
           에게 관찰을 시켰는데 의도가 있습니까?

수업자 : 과학에서 관찰이 제일 중요한데 과학에서 요구하는 관찰에 대해 제가 별 생각이 없었던 거예요. 끝나고 난 다음에 관찰에 대해 다시 생각해 보았습니다. 과학에서 관찰이 얼마나 중요하고 3학년 아이들에게 관찰을 앞으로 어떻게 시킬 것인가. 수업을 풀어갈 것인가 지금까지도 고민을 하고 있습니다.

사회자 : 선생님이 이 수업을 40점을 주셨는데 선생님이 생각할 때 100점 만점을 줄 수 있는 수업이 있을 거예요. 내 수업이 어떤 형태로 구현될 때 선생님은 100점을 줄 수 있나요?

수업자 : 자연스러운 거요. 내가 의도적으로 설계하지 않고 아이들 사이에서 나오는 자연스러운 질문들을 가지고 다음 실험을 이어가고 아이들의 말들로 정리를 해준다든지, 자발성... 아이들이 자발적으로 이끌어가는 수업을 백점을 주고 싶은 수업이라고 생각합니다.

사회자 : 학교가 혁신학교여서 그런지 이 수업속의 아이들이 다른 학교 아이들에 비해 질문을 하는 것이라든지 자발적으로 행동하는 것에서 결코 낮게 보이지 않아요. 그런데 선생님은 40점, 50점을 주셨거든요. 선생님이 생각하는 자발적으로 참여 한다는 것이 두루뭉술하게 말씀하셨지만 지금 말씀하신 것 보다 훨씬 높은 기대수준의 자발성을 요구하신다는 느낌을 받았는데요. 제가 생각한 것이 맞나요?

수업자 : 그런 것 같아요. 제가 지난해까지 학교에서 5학년을 3년을 이어서 담임을 했는데 아이들이 훌륭한 질문을 하고 그 질문을 다시 친구들끼리 서로 설명을 하는 수업이 자연스럽게 아이들 말로 이어지는 수업 경험을 했어요. 그 수업이 내 수업의 이상향이 되면서 교과 전담이지만 과학수업 안에서도 그렇게 할 수 있지 않을까 시도 했는데 안 되는 거예요.

사회자 : 그땐 5학년 수업인데 인지 수준으로 봤을 때 5,6학년에는 충분히 가능할 것
같은데 3학년 수준에서는 질문하고 자기들이 답을 하는 그림이 과연 현실적
으로 가능한 그림일까 싶은데 어떠세요?

수업자 : 그렇네요. 제가 학년을 생각 안하고... 잘못했네요. 그런데 과학에서 5,6학년
도 안 되는거예요. 그래서 그게 짜증나고요. 작년에 담임을 했던 지금 6학년
녀석들이 담임일 때와 교과 전담일 때와 다르게 행동하는 게 있더라구요.
아이들에게 요구하는 기대치가 고학년에서 안 되는 지점도 있는데 3학년에게
그 이상향이라고 생각하는 수업장면을 요구하고 있다는 것은 잘못되었다는
생각이 드네요.

참여자8 : 과학수업을 하다보면 아이들이 엉뚱한 질문을 하는 경우가 많잖아요.
저는 당황해서 받아들이지 못하고 그 중 아이들의 유의미한 질문도 함께
놓쳐버려 결국 과학수업의 마무리는 교사 중심으로 설명하고 마는 경우가
많아요. 선생님은 아이들의 질문을 어떻게 처리하시는지?

참여자9 : 추가해서 아이들 입에서 '부력'이나 '밀도' '액체'와 같은 용어가 많이 나왔
는데 다음시간에 하신다고 저금통에 넣으셨는데, 지금 궁금함, 배움에 대한
욕구가 막 일어난 시점에서 저금통에 넣는 것 말고 다른 방법은 없었는지,
다른 경우에는 어떻게 처리를 하시는지?

참여자10 : 저희 모둠에서도 나왔었는데 예를 들어서 설명할게요. 교사가 '자갈은
모양이 일정하다.'라는 말을 했을 때 학생이 '고무의 모양이 변하잖아요?'
그럴 때 마음이 어땠나요? 질문을 회피하고 싶었는지 고민해서 굉장히 마음이
복잡했었는지 아니면 이것과 상관없어서 넘어가고 싶었는지.

수업자 : 그 질문에 대해서 그 때는 넘어가고 싶었나 봐요. 유의미하게 생각 안한 것

같기도 하고 그런데 그 다음 시간에 그 질문이 다시 나왔어요. 제가 수업을 3시간 연속으로 한다고 했었잖아요. 고체가 바로 다음 차시인데 그 질문을 다시 꺼내면서 수업을 했었고 '밀도' '부력'이라든지 저금통에 저금한 부분은 이것은 지금 3학년에게 지금 가르쳐 줘야하나 이건 3 학년이 배우는 것이 아닌데 아이들은 궁금해 하는데 어찌해야할지 판단을 내리기가 어렵더라구요. 저금통에 넣어버리거나 "4학년 때 배운다." "도서관에 가서 네가 찾아보고 선생님한테 다시 알려주렴." 하고 아이에게 다시 토스해 버리고 훌쩍 넘어가버렸어요.

사회자 : 오늘 이 자리에서 선생님의 수업 고민, 도움을 받고 싶은 부분이 있다면 어떤 주제가 있는지 이야기를 해 주십시오.

수업자 : 원래 고민은 교과 전담교사로서의 수업 속에 질서지도, 통제, 생활지도에 대해 이야기를 하고 싶었는데 아까 이야기할 때 관계가 괜찮은 것 같다고 말씀하셔서 다른 고민을 말해야겠습니다. 제가 과학 전담 교사인데 과학만 합니다. 3,4,5,6 학년. 학교 선생님들은 교육과정 재구성을 많이 합니다. 과목을 넘나들면서 합니다. 그런데 과학 교과와는 안하는 거예요. 담임 선생님이 지도하시는 타 교과와 제가 협력을 안 하는 거예요. 담임과 협력을 하면서 교육과정 재구성을 할 수 있는 방안은 없을까가 고민입니다.

사회자 : 그럼 전자가 아니라 후자가 고민이라는 건데, 교과를 넘어서 담임 선생님들과 협력을 하고 싶은데 어떻게 하면 좋을까가 고민이라는 건가요?

수업자 : 예

사회자 : 수업자 선생님께서 고민을 이야기해주셨는데 조언, 제안을 해주시면 좋을 것 같습니다. 그런데 먼저 동료선생님들의 이야기를 들은 다음에 하는 것이 좋을

것 같습니다. 어떠세요?

동료 교사2 : 저런 이야기를 처음 하는 것 같아요. 우선 저런 고민을 나눌 시간이 없었던
것 같습니다. 선생님이 수업을 많이 하시니까요. 이건 교과 전담선생님의
고민이 아니라 담임 선생님의 고민인 것 같습니다.

사회자 : 학교에서 교육과정 재구성을 여러 가지로 시도하고 있으신가요?

동료 교사2 : 재구성하고 있죠. 3,4,5,6학년은 학년통합으로 도덕으로 재구성을 하고
있고 3학년은 사회가 지역화 중심이니까 재구성을 동학년 선생님과 하고
있는데 그것만으로도 버겁죠.

동료 교사1 : 본교는 특수한 상황의 학교입니다. 대부분 과학수업을 3시간 연속으로 하는
것은 아니잖아요. 아이들이 3시간을 연속으로 하는 것은 처음에는 힘들다고
생각했는데 저도 작년에 과학 전담을 해보니 더 좋더라구요. 그리고 학교에
과학보조가 없어서 준비물도 직접 챙겨야 합니다. 또한 과학 전담 교사에게
과학수업의 전문성보다 작은 학교니까 업무전담의 일을 더 요구하고 있어요.
전담교사는 팽개쳐져 있는 거죠. 과학수업의 재구성에 대한 고민이 있다면
사실 담임교사가 과학수업을 해야 한다고 생각합니다. 연구부장이 과학수업
을 하고 전담교사와 담임교사의 소통을 통한 수업 전문성 향상은 이 상황에서
는 꿈에 가깝다고 봅니다. 그런데 이러한 점이 고민이라면 내년 학교 교육과정
에서 전담을 과학을 주면 안 되죠.

동료 교사3 : 담임 입장에서 과학 전담 수업 3시간이 있다는 것은 그 시간이 여러모로
너무 소중한 시간인거예요. 물론 담임이 과학수업을 가져오고 싶기도 합니다.
그런데 준비물을 챙기는 것부터 해서 내가 과학수업을 한다는 것은 시간적
으로나 마음적으로 생각하기 힘듭니다. 3,4,5,6학년 전담시간이 과학수업

밖에 없거든요.

참여자11 : 작년까지 혁신학교에 있었는데 선생님처럼 재구성이나 전문성을 발달시키는
것에서 배제되는 입장에 있어 봤습니다. 음악 전담이었는데 음악도 재구성을
할 수 있음에도 불구하고 시스템 상으로 불가능했습니다. 그런데 하고 싶으
시다면 특정 단원을 정해서 담임 선생님과 협의해서 재구성을 하는 것은 가능
하지 않을 까라는 생각이 듭니다.

참여자1 : 선생님은 아이의 사고를 확장하는 수업을 하고 계시고 의견을 수용하는 넓은
가슴을 가지고 계십니다. 수업이 다 끝난 후에 내가 아이라면 수업이 안 끝났
으면 하는 생각을 할 것 같아요. 집에 가서도 오늘 수업 내용을 찾아볼 것
같아요. 계속적으로 상호작용이 일어난다는 말이죠. 그런데 선생님이 생각이
너무 많으 세요. 아이들이 이 개념을 이해했을까 이 단어를 지금 말해도 될까
그럴 때 그냥 말해 주세요. 선생님이 마음 편하게 그냥 말하세요. 개인차는
있으니까요. 내가 전담일 때 학급담임선생님과 재구성을 해야 한다는 생각에
서 벗어나 과학 안에서 실생활과 연결되게 집중해서 하세요. 조금 더 심플
하게. 전담으로서 마음대로 하세요. 마음껏 펼치세요.

참여자2 : 제가 작년에 전담을 했었습니다. 지금은 3학년 담임인데 과학을 담임이
합니다. 선생님이 욕심을 많이 부리지 말고 차시 정도만 붙여서 재구성을
해보면 좋을 것 같습니다.

참여자3 : 아까 수업자 선생님께서 무슨 말씀을 하셨냐면 "과학 전담 선생님으로서 학년
선생님과 어떻게 하면 협력수업을 할 수 있을까? 이것이 잘 안 되는 것 같다"와
관련된 이야기를 듣고 싶어요.

수업자 : 제가 이 학교에서 계속 5학년을 했는데 기본적으로 전담이 한 명에 3시간

수업, 그 시간이 담임에게 얼마나 행복한 시간인지 아는데, 여러 교과로 영역을 넓히면서 소통을 하고 그 시간과 결합해서 해야 하는데 그렇게 되면 담임에게 그 소중한 시간을 뺏는 것이지 않을까하는 것이 첫 번째 주춤거림입니다. 두 번째는 선생님 들이 과학까지 같이 고민하면 힘들지 않을까 하는 것이에요. 안 그래도 다른 과목 재구성을 많이 해서 시간적으로 힘든데...

참여자4 : 그런데 선생님이 그렇게 고민을 하면 혁신 학교라면 그렇게 해줘야하는 것 아닐까요?

사회자 : 중요한 것은 같은 학교에 계신 선생님들의 의견이 중요한 것 같거든요. 선생님이 아까 말한 마음속에 있는 걱정에 대해 맞다고 생각하는지 아니면 다른 관점에서 이야기하고 싶으세요?

동료교사1 : 학년통합도 하고 학년 선생님들끼리 하는 통합 활동도 하고 있는데 그것 모두 혼자하는 것이 아니기 때문에 협의 시간이 상당한데 여기에 또 다른 전담교사와의 협의 시간까지 더하면 서로가 서로에게 부담이 됩니다. 본인만 부담스러운 것만 아니라 담임 선생님들도 부담스러운 것을 서로 아니까 못하는 거죠.

사회자 : 담임 선생님의 생각은 어떠신가요? 그것에 대한 우려는?

동료교사2 : '전담을 하면서 외로웠지 않나?' 그런 생각이 들고 그래서 그런 생각을 하는 것 같습니다. 안쓰럽습니다. 사실은 서로를 살필 만큼 여유가 없어요. 학년 군끼리 재구성, 동 학년끼리 재구성을 하는데 소통하고 협력하고 있는 것은 맞는데 전담 선생님까지 할 여력이 없습니다.

사회자 : 서로 힘들다는 것도 알고 실질적으로 재구성이 목적인 것 보다 서로 소통하는 자리가 있었으면 사실 그런 마음이 덜 들었을 텐데 이것이 부족하지 않았나

싶은데 어떠세요? 이런 관점에 대해서 동의하시나요?

수업자 : 그렇긴 하네요. 제가 3학년 수업을 하다가 일부 내용에서 아직은 배우지 않았는데 담임 선생님과 타 교과 시간에 배울 내용이 있었어요. 그런데 '이걸 어디까지 어떻게 다뤄 줘야 하지?'라는 고민을 혼자 했는데 그런 단순한 질문조차 담임 선생님과 나누지 않았던 거예요. 나중에 그 질문이 역으로 다른 학교 선생님 한테서 와서 그 분과 대화를 했었거든요. 다른 교과와 이렇게 했으면 좋겠다는 머릿속에 생각이 샘솟는데 그걸 실질적으로 우리 학교 담임 선생님들과 나누지 않는 거예요. "함께 해볼까요?" 라는 이야기를 제가 안 하는 거예요. 힘들까 봐요. 지금 나의 고민을 작년 과학전담도 했을 거고, 그 전 과학전담도 그랬을 거고, 내년에 과학전담도 그럴 건데 뭔가 물고를 터야할 건데... 어렵네요.

사회자 : 예. 그럼요. 오늘 몇 가지 고민이 나왔는데요. 이야기를 나누면서 실천했으면 하는 도전과제가 있으면 이야기해주시구요. 만약 없다면 선생님 다양한 이야기를 나누면서... 선생님이 느꼈던 점이 있었을 것 같아요. 그 이야기를 마지막으로 부탁드리고 싶거든요.

수업자 : 부정적으로 내가 나를 바라본다고 했는데 선생님들이 따뜻한 시선으로 수업을 바라봐주시고 긍정적인 측면을 말씀해 주시니까 내가 알던 수업이 아니라 다른 수업같이 느껴졌어요. '내 수업을 가지고... 과학수업을 가지고 조금 더 이야기를 해야 되겠다, 이 사람들은 과학 수업을 안 하지만 담임 선생님의 시간을 뺏을지 라도 10분이라도 교과 내용적인 과학에 대한 이야기를 해야겠다.'는 것을 도전 과제로 삼고 싶습니다.

수업자의 수업 나눔 활동 소감

 내가 내 수업의 이상이 높아서 내 스스로를 괴롭히는 것인가? 그것이 나에게 가장 큰 고민인 것인가? 이 수업코칭을 받으면서 초반에 바로 난 울컥했었다. 진짜 나에게, 내가 회피하고 싶은 가장 못난 모습, 가장 싫은 모습이 나도 모르게 드러난 것이다. 수업 나눔의 집중 질문에서 나의 내면의 고민 '높은 기대 수준, 완벽주의, 불안감, 낮은 자존감'이 드러났으나 이를 나중에 고민으로 내 입에서 다시 나오지 않은 것은 왜일까?

 우선은 당시 나도 모르게 드러난 나를 직면할 마음의 준비가 되지 않았던 것 같다. 회피하고자 하는 진짜 내가 다른 측면으로 다시 드러난 것이 아닌가 싶다. 또한 초반에 울컥하며 빨리 드러났던 진짜 나의 마음이 중간에 참관자 질문을 받는 과정이 길어지며 문제의 흐름이 나의 내면에서 외부로 되돌리기가 된 것은 아닐까?

 어찌 되었건 간에 나의 일상의 수업을 보면서 진짜 나에게 올곧이 집중해서 대화를 나눈 경험은 처음이라 당황스러우면서도 짜릿한 감정이 동시에 들어서 복잡 미묘했다. 나도 모르게 무장해제 되어 나를 돌아보게 만든 수업 나눔 시간! 만약 대그룹이 아니라 소그룹으로 수업 나눔이 이뤄졌다면 아마 난 눈물 콧물을 쏙 빼며 정신줄을 놓지 않았을까? 나를 생채기 내는 자책이 아니라 내면의 힘을 길러준다는 제대로 된 수업 성찰을 다시 해보고 싶다.

수업 나눔 모임 시 유의 사항

수업 나눔 공간이 안전 지대가 될 수 있도록 노력해야 한다. 수업 나눔의 목적과 취지를 참여자들이 충분히 이해하고 있는 상황에서 진행하는 것이 필요하다. 처음 수업 나눔 모임을 시도하고자 할 때는 먼저 수업 나눔 연수를 진행하는 것이 좋다. 그리고 수업 나눔 진행자가 수업자 입장에서 진행해야 하고 수업 나눔 공간이 따뜻하고 안전한 공간이 될 수 있도록 노력해야 한다. 수업 나눔 활동 시 질문은 가급적 짧고 명료하게 질문할 수 있도록 해야 한다. 수업자에게 설명하듯이 길게 질문하는 것은 오히려 역효과를 거둘 수 있다. 수업 관찰이 잘 이루어져야 수업 나눔이 풍성하게 진행될 수 있다. 수업 관찰 단계에서 꼼꼼하게 기록하고 사실과 해석을 구분하여 정리해야만 수업 나눔 시 좋은 칭찬과 질문이 가능하다. 공감적 경청과 눈맞춤(아이컨텍)을 통해 수업자가 편안하게 이야기할 수 있는 분위기를 조성해야 한다. 그리고 수업 나눔 참여자들의 성격과 특성에 맞게 적절한 수업 나눔 모델을 선택하여 운영하면 좋다. 수업 나눔 모임과 공동 수업디자인 모임을 동시에 결합하여 운영하면 더욱 좋다.

6장.
수업 디자인 모임

수업 디자인 모임이란?

"수업 준비는 혼자 알아서 하는 것 아닌가요?"

수업 나눔은 수업자의 수업 고민을 풀어 가는데 효과적이지만 수업 디자인 역량을 키우는데 있어서는 부족한 부분이 있다. 이러한 문제를 보완한 접근이 공동 수업 디자인 활동이다.

수업 디자인 모임은 수업 공동체 안에서 공동으로 수업 디자인을 시도하고 상호 피드백 과정을 통하여 구성원들의 수업 디자인 역량을 키울 수 있는 수업 공동체를 말한다.

수업 디자인이란 수업을 준비하는 일련의 모든 과정을 말한다. 수업디자인 모임은 수업자가 수업 공개하기 전에 자기 수업에 대한 기본 아이디어를 가지고 오면 동 학년 교사들이나 관심 있는 교사들이 모여 집단 지성을 통해 수업에 대한 아이디어를 모아서 함께 수업을 준비해 보는 것이다. 동료 교사들의 피드백 과정을 통해 수업 아이디어를 좀 더 정교하게 다듬어서 수업자가 수업을 실제로 실행해보는 것이다.

수업디자인 모임의 장점은 무엇보다 수업자가 자신의 수업 디자인 역량을 기를 수 있는 기회를 가질 수 있다. 대개 수업 준비는 개인 차원에서 진행하는데 그러다 보면 익숙한 방식으로 수업 디자인을 하는 경우가 많다. 수업디자인 모임을 하게 되면 수업자가 기존 익숙한 방식에서 벗어나 다소 낯설지만 새로운 접근을 시도해 볼 수 있다. 또한 공개 수업의 경우, 수업자의 공개 수업에 대한 부담감을 줄일 수 있다. 공개 수업의 경우, 심리적 부담감이 엄청 크게 느껴지는데, 공동 수업디자인 모임을 통해 심리적인 부담감을 줄일 뿐 아니라 사전 검증 과정을 가질 수 있기에 실제 수업에서 보다 자신감 있게 수업을 진행할 수 있게 된다. 그리고 수업 참관자들이 단순한 관찰자가 아니라 공동 참여자로서 수업을 바라볼 수 있고, 수업 이후 수업 나눔 활동을 보다 깊이 있게 진행할 수 있다. 수업디자인 모임을 한 경우, 수업 나눔 활동이 진행되면 수업 참관자들이 수업자의 수업 의도를 잘 알고 있고 수업 디자인 방식을 함께 했기에 보다 학생의 배움 활동에 집중하여 수업을 관찰할 수 있게 된다. 그래서 수업디자인 모임 활동 없이 수업 나눔 활동을 하면 대개 90분 정도가 소요되지만 수업디자인 모임을 하게 되면 1시간 내외로 수업 나눔 활동 시간을 줄일 수 있다.

수업 디자인 모임이 잘 진행되려면 무엇보다 참여 교사들이 수업디자인 모임 활동에 대한 필요성을 공유하고 연수를 통해 구체적인 공동 수업디자인 실습을 하고 나서 진행하면 좋다. 수업디자인 모임을 운영할 때 지혜롭게 피드백 활동을 하는 것이 필요하다. 왜냐하면 자칫 잘못하면 피드백 과정에서 수업자가 마음에 상처를 받을 수 있기 때문이다.

수업 디자인 모임을 통해서 범교과적인 접근을 할 수 있고, 교육과정 재구성 모임의 밑거름 역할을 할 수 있다. 공동 수업디자인 모임시 초등학교의 경우, 동 학년 교사들끼리 진행하면 좋다. 중등학교의 경우, 범 교과로 진행하면 좋다. 타 교과 교사들의 피드백은 학생들의 시각과 입장과 비슷하기 때문에 해당 교과 교육과정에 대한 이해가 부족해도 의미 있는 피드백을 해줄 수 있다.

수업자가 완성된 형태의 수업 지도안을 사전에 작성해오면 나중에 문제가 발생할 수 있다. 왜냐하면 수업자가 피드백을 더 나은 수업을 위한 피드백이라고 생각하기보다 단점을 향한 공격으로 느껴지거나 의미 있는 피드백이라고 하더라도 처음부터 다시 수업지도안을 만들어야 한다는 심리적 부담감을 느낄 수 있기 때문이다. 그래서 수업 디자인 모임을 할 때에는 수업자가 핵심 질문을 중심으로 대강 준비하도록 하고 학습지도 완성된 것보다 완성도 낮은 초안 형태로 가져오면 좋다. 그래야 수업자도 수업 디자인 모임에 참여할 때 심리적인 부담감을 줄일 수 있고, 피드백 과정을 통해 자기의 수업을 수정 보완하는데 있어서 큰 도움을 얻을 수 있기 때문이다. 수업 디자인 모임의 운영 방식에는 핵심 질문 중심 접근, 학습지 중심 접근 등이 있다.

핵심 질문 중심 수업 디자인 모임

핵심 질문을 중심으로 수업 디자인을 하면 좋다.[16] 먼저 핵심 질문 중심 수업 디자인 방식에 대하여 살펴보고자 한다. 핵심 질문 중심 수업 디자인의 단계는 다음과 같다.

여기에서는 핵심 질문 세우기에 초점을 맞추어 설명하고자 한다. 먼저 핵심 질문이란 수업 내용 중 꼭 가르쳐야 할 내용을 질문으로 표현한 것이다. 핵심 질

16   김현섭, "질문이 살아있는 수업", 한국협동학습센터, 2015

문을 비유하자면 배의 방향키나 집의 기둥에 해당하는 것이다. 방향키가 없으면 배가 목적지에 도달할 수 없고, 기둥이 흔들리면 집의 안전을 보장하기 힘들듯이 수업에서 핵심 질문이 없거나 모호하면 학습 목표에 도달하기 힘들고 수업 활동이 산만하게 진행되는 경우가 생긴다. 학습 목표를 핵심 질문으로 전환하면 좋은 이유는 수업에서 학생 참여를 유도하면서 동시에 지식적인 측면에서 열린 정답을 찾아갈 수 있도록 하기 위함이다. 그리고 핵심 질문은 성취 기준 도달에 큰 도움이 된다.

핵심 질문을 만드는 가장 간단한 방법은 학습 목표를 질문으로 바꾸는 것이다. 그런데 학습 목표를 의문형으로 표현하면 질문이 추상적이기 쉽다. 그래서 가급적 구체적인 질문으로 전환하면 좋고, 학생들이 흥미를 끌 수 있는 느낌이 있는 질문으로 바꾸면 좋다. 그런데 핵심 질문이 너무 추상적이면 수업 진행 방향이 모호해지기 쉽고, 핵심 질문이 너무 구체적이면 출발 질문, 전개 질문, 도착 질문을 아우르기 힘들기 때문에 그 중도(中道)를 찾아 핵심 질문을 만드는 것은 그리 쉽지 않다.

- **학습 목표**

  "분배 정의의 의미를 설명할 수 있다." (고등학교 생활과 윤리)

  ⇓

- **의문형으로 단순 전환하기**

  "분배 정의란 무엇인가?"

  ⇓

- **질문을 다듬기**

  (구체적인 질문, 학생 입장에서 느낌이 있는 질문, 과정적 지식을 반영한 질문)

"빵을 서로 싸우지 않고 공정하게 나눠줄 수 있는 기준과 방법은 무엇일까?"

그런데 핵심 질문은 수업 시간에 직접 활용할 수도 있고 그렇지 않을 수도 있다. 실제 수업에서 활용하는 질문은 출발 질문, 전개 질문, 도착 질문이다.

출발 질문이란 도입 단계 마음 열기(흥미 유발) 부분에서 활용하는 질문을 말한다. 학생의 흥미를 유발할 수 있는 질문으로서 매력적인 질문으로 만드는 것이 중요하다. 닫힌 질문은 학생들의 동기 유발에 한계가 있고, 전개질문처럼 활용될 수 있으므로 가급적 열린 질문이 좋다. 전개 질문과 어느 정도 연관성이 있어야 하지만 동시에 학습 내용에 대한 선 지식과 이해가 없어도 답변할 수 있는 질문이어야 한다. 출발 질문을 만드는데 도움이 되는 방법은 학습 주제와 관련한 흥미 있는 소재를 찾아 여기에서 출발 질문을 만들면 좋다.

• 일상 소재에서 출발 질문 만들기

삼촌이 우리 삼형제들에게 용돈을 쓰라고 10,000원을 주었다면 이 경우 삼 형제가 어떻게 나누는 것이 가장 좋을까? 그리고 그 이유는?

-1안 : 3,300원씩 1/n로 나누기

-2안 : 첫째는 5,000원, 둘째는 3,000원, 셋째는 2,000원 씩
　　　 나이에 따라 차등을 두어 나누기

-3안 : 10,000원 짜리 간식거리를 사서 나누어 먹기

-4안 : 나누기 쉽지 않으므로 불우이웃돕기 행사에 전액 기부하기

-5안 : 기타

- **신문 기사 등을 통해 출발 질문 만들기**

최근 최저 임금 인상으로 인하여 많은 기업들이 부담을 느끼고 자동화를 통해 오히려 일자리가 줄어들 수 있다고 경고하는데, 이에 대하여 어떻게 생각하고 최저 임금 액수가 구체적으로 얼마가 되어야 합리적이라고 생각하고 그 이유는? (2018년 현재 최저 임금 시급 7,530원)

전개 질문은 전개 단계 생각 열기(지식 이해) 부분에서 활용하는 질문을 말한다. 교과서 내용에 충실한 질문들로 학습 내용의 이해를 돕기 위한 질문이다. 기존 수업에서 가장 많이 사용하고 있는 질문이 전개 질문이기 때문에 그리 어렵지 않고, 교과서 내용에 충실하게 질문을 만들면 된다.

- **교과서 내용에 따라 전개 질문 만들기**

"분배의 기준은 무엇인가?"

"공정한 분배를 위한 절차적 정의의 원리는 무엇인가?"

"노직의 자유 지상주의와 마르크스의 공산주의에서는 어떠한 기준으로 분배해야 한다고 말하는가?"

"롤스가 말한 분배 정의의 원칙과 기준은 무엇인가?"

도착 질문은 마무리 단계에서 생각 넓히기(심화), 삶에 반응하기(실천) 부분에 활용하는 질문이다. 기존 수업 디자인 방식에서는 상대적으로 부족한 부분이 이 부분이었다. 그러다 보니 이론과 실천과의 괴리, 가르침과 배움의 괴리, 앎과 삶의 괴리가 쉽게 발생했다. 도착 질문은 기존 수업의 한계를 극복할 수 있도록 도와준다. 도착 질문은 전개 질문을 이해해야 풀 수 있는 질문으로서 전개 질문보다 심화된 지식을 다루는 질문이다. 그래서 상대적으로 난도가 높은 질문이 된다. 그리고 도착 질문은 실천 지향적인 질문으로서 교실에서 배운 지식을 적용하고 실천할 수 있도록 도와준다. 그래서 도착 질문은 가급적 열린 질문, 메타 인지 질문 등이 좋다.

- **생각 넓히기 (심화)**

"최저 임금 문제를 노직, 마르크스, 롤스 입장에서 바라볼 때 어느 정도 수준 에서 타당하다고 주장할 것 같은가?"

"롤스가 말한 차등의 원칙에 대하여 누군가가 역차별이라고 비판한다면 이에 대하여 여러분은 어떻게 이야기할 것인가?"

- **삶에 반응하기 (실천)**

"우리 사회에서 분배 정의가 가장 구현되지 않는 부분이 무엇이라고 생각하고 이 문제를 해결하기 위해 어떠한 노력을 기울이면 좋을까?"

"우리 학교에서 부당하다고 느껴지는 것과 이를 해결하기 위해 실천할 수 있는 것을 찾아 실제로 행동해 본다면?"

출발 질문, 전개 질문, 도착 질문이 실제 수업에서 활용할 때에는 단순한 질의응답 방식이나 문답법 수준에 머무는 것이 아니다. 그 질문에 맞는 교육과정 재구성과 수업 모형이 결합되어 수업에서 표현될 수 있어야 한다. 예컨대, 출발 질문에서는 하브루타 모형 등을 활용하면 좋고, 전개 질문에서는 강의식 설명법이나 협동학습 등이 좋고, 도착 질문에서는 문제 중심(PBL) 수업 모형이나 프로젝트 수업 모형, 토의 토론 모형 등이 좋을 것이다.

단계	특징
핵심 질문	• 학습 목표를 질문으로 표현함 • 교사의 수업 주안점이 반영되기 • 출발-전개-도착 질문들을 아우를 수 있는 질문 • 가급적 구체적인 질문으로 표현하기
출발 질문	• 마음열기(도입) 단계 • 학습 흥미 유발 • 학생들의 지적 호기심 유발 • 흥미 있는 소재를 가지고 질문 만들기 • 열린 질문, 난도가 높지 않은 질문, 전개 질문과 연관성이 있는 질문, 학생 입장에서 답변하기 쉬운 질문
전개 질문	• 생각 키우기(전개) 단계 • 학습 내용 관련 질문 • 지식과 이해 관련 질문 (수렴적 질문) • 기존 수업에서 많이 활용한 질문, 닫힌 질문, 명료한 질문
도착 질문	• 생각 넓히기(재구성) 및 삶에 반응하기(초월) 단계 • 지식과 삶을 연결하기 • 적용, 분석, 종합, 비판 질문 (발산적 질문) • 전개 질문을 이해해야 풀 수 있는 질문, 난도가 높거나 실천 지향적인 질문, 열린 질문, 메타 인지 질문

참고로 출발 질문, 전개 질문, 도착 질문에 따른 질문 유형들을 정리하면 다음과 같다. [17]

---

17   질문 유형에 대한 세부 내용은 김현섭(2015)의 위의 책을 참고하면 좋다.

수업 단계			해당하는 질문 유형들			
핵심 질문	도입	마음열기	열린 질문	인지 질문 감정 질문	탐색 질문	관계 질문
출발 질문	전개	생각키우기	열린 질문	인지 질문	탐색 질문 집중 질문	정보 질문
전개 질문	마무리	생각 넓히기 삶에 반응하기	열린 질문	인지 질문 실천 질문 메타인지 질문	집중 질문	정보 -관계질문

[수업 관련 동영상 소감문]

1. 수업자의 마음 열기 (체크 인 CHECK IN/초대)

• 진행자가 수업자의 수업 공개 신청한 것에 대하여 환영하고 격려한다.

  -"오늘 ○○○ 선생님이 수업 공개와 공동 수업디자인 활동에 참여하게 되어 기쁘

  게 생

  각합니다. 자기 수업을 공개하고 수업을 함께 만들어가겠다고 도전한 것 자체가 매우

  의미 있다고 생각합니다.'

• 수업 디자인 모임의 목적과 주의 사항을 간단히 환기한다.

  -"이번 공동 수업디자인 모임의 목적은 수업 공개 전 함께 수업 디자인을 해보는 것

  을 통해 수업디자인 역량을 기르고, 집단 지성을 통해 학생들의 눈높이에 맞는 수업

  을 함께 만들어가는 데 있습니다. 참여자 선생님들이 수업자의 수업에 대하여 쉽게

  판단하거나 해결책을 제시하는 방향으로 흐르지 않도록 주의하면 좋겠습니다. 만약

  이러한 방향으로 흘러가는 경우, 진행자로서 적절하게 개입하도록 하겠습니다. 수업

  자 선생님도 열린 마음으로 함께 수업 디자인을 풀어 가면 좋겠습니다."

2. 수업자를 통해 학습 주제와 수업의 주안점에 대하여 이야기하기

• 수업자가 학습 주제를 간단히 소개하고 참여자들로부터 질문을 통해 수업의 주안점 등에 대하여 이야기한다.

   -"수업자 선생님께서 오늘의 학습 주제에 대하여 간단히 설명해 주시면 고맙겠습니다."

   -"오늘 수업 내용에 대하여 궁금한 것이 있으면 질문해 주시면 고맙겠습니다."

   -"오늘 공동 수업디자인을 통해 다른 선생님들로부터 도움받기를 원하는 부분이 있다면 구체적으로 이야기해 주세요."

• 수업자가 핵심 질문(학습 목표), 출발 질문(흥미 유발), 전개 질문(내용 이해), 도착 질문(적용/심화)을 이야기하고 이에 대하여 다른 참여자 선생님들에게 피드백을 받는다. (수업자가 미리 준비할 수 있도록 하면 좋겠지만 이것이 또 다른 부담이 되는 경우, 7-8분 정도 핵심 질문을 작성할 시간을 부여한다. 만약 수업자가 핵심 질문에 대하여 잘 모르는 경우, 간단히 핵심 질문에 대한 개념을 소개해주면 좋다.)

   -"수업자 선생님께서 준비한 핵심 질문, 출발 질문, 전개 질문, 도착 질문에 대하여 이야기해 주세요."

   -"이와 관련하여 궁금한 것이 있으면 질문해주세요."

3. 수업자의 수업 디자인 내용에 대하여 참여자들이 함께 피드백하기

• 핵심 질문이나 출발-전개-도착 질문(수업 기본 전개 흐름)을 중심으로 피드백을 한다. (피드백 과정 중 진행자도 개별 자격으로 피드백을 할 수 있음)

   -"나머지 선생님들께서 수업자 선생님의 핵심 질문이나 출발-전개-도착 질문에 대하여 피드백을 해주세요."

• 교육과정 재구성, 교수학습방법, 학습지 등에 대하여 피드백을 한다. (완성된 수업지

도안이나 완성도가 높은 학습지보다는 기본 초안 형태로 준비하여 이야기할 수 있도록 한다. 진행자는 비판이나 해결책 제시 등으로 흐르지 않도록 관리한다.)

  -"교육과정 재구성, 교수학습방법, 학습지 등 구체적으로 제안하고 싶은 것들이 있으면 이야기해 주세요."

  -"다른 선생님들이 많은 제안을 해주셨는데, 수업자 선생님께서 이에 대하여 어떻게 생각하세요?"

4. 수업자가 전체 공동 수업디자인 활동에 대한 소감을 말하기

• 수업자가 공동 수업디자인 활동에 대한 소감을 말한다.

  -"이제 수업자 선생님의 오늘 공동 수업디자인 활동 참여 전체 소감에 대하여 이야기를 들어보도록 하겠습니다."

5. 참여자들이 간단 소감을 돌아가며 말하기 (체크 아웃 CHECK OUT/메타인지 활동)

• 마무리 활동으로 수업자를 제외한 나머지 참여자들이 간단하게 참여 소감을 말한다. (진행자는 소감 말하기를 가급적 짧게 할 수 있도록 유도한다.)

  -"끝으로 참여자 선생님들의 공동 수업디자인 활동 참여 소감을 간단하게 나누어보도록 하겠습니다. 가급적 짧게 말해주시고 1인당 1분이 넘지 않도록 주의해 주세요."

  -"오늘 늦은 시간까지 모두 함께 공동수업디자인 활동에 참여할 수 있어서 매우 의미 있었던 시간이었습니다. 수고 많으셨습니다.(짝짝짝)"

핵심 질문 중심 수업디자인 모임 시 유의사항

핵심질문은 출발 질문, 전개 질문, 도착 질문을 아우를 수 있어야 한다. 연역적으로 질문을 만들기 힘들면 귀납적인 방식을 사용해도 좋다. 즉, 핵심 질문을 개략적으로 만들고 나서 출발, 전개, 도착 질문을 만든 다음 핵심 질문을 다듬는 것이다.

출발 질문은 먼저 학습 주제와 관련한 구체적인 흥미 유발 자료를 찾아서 질문을 만드는 것이 좋다. 전개 질문은 교과서 내용에 충실하게 질문을 만들면 좋다. 도착 질문은 매 차시마다 만드는 것이 아니라 주제별로 만들면 좋다. 출발-전개-도착 질문은 구두법이나 문답법으로만 표현되는 것이 아니라 여기에 맞는 교육과정 재구성과 교수학습 모형이 결합되어야 한다. 대개 출발 질문은 하브루타 수업 모형등을 활용하면 좋고, 전개 질문은 강의법, 매체 활용 수업, 협동학습 모형 등이 좋고, 도착 질문은 토의 토론 수업 모형, PBL 수업, 프로젝트 수업 모형 등이 적합하다. 무엇보다 수업자가 연습과 실천, 그리고 피드백과 반복의 과정을 통해 질문에 대한 감각을 익히는 것이 중요하다.

핵심 질문 중심 수업 디자인 실습 활동지

○ 과목: ○ 이름:

학습 주제		수업 내용	교수학습활동
핵심 질문 (학습목표)			
출발 질문 (흥미유발)			
전개 질문 (내용 이해)			
도착 질문 (심화/적용)			

핵심 질문 중심 수업디자인 모임의 실제

다음은 경기 M고등학교에서 핵심 질문 수업 디자인 모임을 실제로 운영한 내용을 재구성한 것이다.

○ 대상 : 고교 2학년 영어 수업
○ 학습 주제 : 외국인 친구들에게 한국을 소개하기

사회자 : "이번 수업에 대하여 소개해 주시면?"

수업자 : "이번 영어과 수업 단원명은 '외국인 친구들에게 한국을 홍보하기'입니다. 이번 수업 지도안은 3차시로 진행할 계획입니다. 아이들이 학습 수준이 그리 높지 않아서 활동을 좀 더 구조화하는 것이 필요하리라 생각합니다. 제가 만든 핵심 질문은 '외국인에게 추천하고 싶은 한국 문화는 무엇인가?'입니다. 그래서 한국 문화 중 외국인에게 소개하고 싶은 것을 포스터 형태로 제작해 보는 것입니다. 출발 질문은 '요새 여러분이 즐겁게 행동하는 것은 무엇입니까?'입니다. 한국 음식, 여행지 등 카테고리를 만들어 버블맵을 통해 브레인스토밍을 하고 싶어요. 전개 질문으로는 '추천하고 싶은 한국 문화는 어떠한 것이 있겠니?'로 해서 모둠별로 한 가지를 선택하여 포스터를 만들까 고민 중입니다. 아니면 대화 역할극을 할까도 생각하고 있어요. 도착 질문에서는 핵심 구문도 알려 주고 이를 핵심 구문을 활용할 수 있도록 하고 싶어요.

그런데 제가 고민되는 것은 활동 자체가 약간 진부하고 약간 반복되는 느낌이 있어요. 1학기에도 비슷한 형태의 수업을 한 적이 있어서요. 학생들의 영어 수준이 그리 높지 않아 학생들이 직접 영어로 표현하기 힘든 부분이 있어요."

사회자 :   "외국인에게 한국 문화를 소개하는 것이 이번 수업의 핵심이겠군요."

수업자 :   "네."

사회자 :   "다른 분은 어떻게 생각해요?"

참여자1 :   "제 생각은 이 질문으로만 수업을 하면 간단하게 마칠 것 같네요. 좀 더 자세하
게 다루어야 할 것 같구요. 그리고 단원 성격 상 한국 문화 자체는 아닌 것 같아
요."

참여자2 :   "그런데 외국인에게 추천하고 싶은 한국 문화는 무엇인가요? 라는 질문에 대한
대답은 어느 정도 예상이 될 것 같네요. 이번 수업은 사회 수업이 아니라 영어
수업이니만큼 영어과 수업 특성에 맞게 핵심 구문을 어떻게 활용할 것인가가
들어가면 좋을 것 같네요."

참여자3 :   "한국 문화가 무엇일까를 생각해보면 그 영역이 추상적이고 그 영역이 넓은 것
같네요. 핵심 질문 자체는 좋으나 전개 질문은 좀 더 구체화되면 좋겠다는 생각
이 들어요."

사회자 :   "출발 질문부터 검토해 보시죠. (다른 선생님에게) 여러분을 즐겁게 만드는 것
이 무엇인가요?"

수업자 :   "전 뮤지컬이요."

참여자1 :   "그런데 학생 입장에서 이 질문에 대한 예상할 수 있는 대답은 '게임이요, 알바
요.' 정도가 아닐까요? 그리고 즐겁게 하는 것과 한국 문화는 논리적 거리가 좀
멀리 떨어진 것 같아요."

수업자 :   "그러고 보니 그러네요."

참여자1 :   "제가 요즘 즐겁게 보는 TV 프로그램은 '어서와 한국이 처음이지?'라는 것인

데, 외국인 친구들이 한국에 놀러 와서 지내는 것을 관찰한 예능 프로그램이에요."

참여자2 : "저도 그 프로그램을 보는데, 생각보다 재미있더라구요."

참여자3 : "우리는 당연하다고 생각하지만 외국인 입장에서도 낯설게 느껴지는 것들이 있더라구요. 예컨대, 독일 친구들이 왔을 때 터치형 유리문을 제대로 열지 못해서 쩔쩔 매는 장면이라든가, 독일 도시에 없는 산을 등정하기 위해 서울 북한산 등반 장면이 나와 있더라구요."

참여자1 : "유튜브에도 영국인 친구가 한국 음식 등을 영국에서 먹고 나서 느낀 점을 보여주는 것도 있더라구요. "

참여자2 : "반대의 경험도 있을 것 같네요. 우리가 외국을 갔을 때 낯설었던 경험이 있었던 것 같아요."

참여자3 : "외국 식당에서는 웨이터를 부를 때 손을 들고 외치는 것이 찾아보기 힘들어요."

참여자1 : "전 호주에 갔을 때 설거지도 한국과는 다르더라구요. 예전에 호주 일반 가정에서 민박했는데, 우리와는 다르게 설거지를 하더라구요. 물을 담아놓고 세제를 풀고 닦은 다음에 바로 마른 행주로 닦더라구요."

참여자2 : "외국 사람들에게 한국 문화를 구체적으로 소개하기로 풀어 가면 좋겠어요. 예컨대, 한국에 오면 신발을 벗고 집을 들어가야 돼, 한국에서는 교통 카드를 활용하여 환승할 수 있어 등으로 풀 수 있을 것 같아요."

참여자3 : "선생님, 그렇다면 아예 구체적인 관광 매뉴얼을 만들기를 하면 어때요? 교통편, 음식편 등으로 나누어 보는 것이에요. 음식편의 경우, '우리는 보통 음식을 후불로 해요"함께 하는 음식이 많아요.' 등으로 표현할 수 있을 것 같아요."

수업자 : "그 아이디어가 너무 좋네요. 그런데 영어과 수업 입장에서는 이러한 것을 영어로 표현해야 하는데, 아이들이 잘 할 수 있을지 걱정이 되네요. 학생들이 한 단

어 한 단어에 힘들어 할 수 있어요. 예전에 '영어 단어를 써 봐요.' 라고 제시했는데, 제대로 하지 못하더라구요."

참여자1 : "그렇다면 예시 영어 단어를 제시하고 학생들이 직접 선택할 수 있도록 해보면 어떨까요? 그러면 시간 절약을 할 수 있을 것 같네요."

참여자2 : "PBL 모형을 도입해서 '외국인 친구가 2박 3일 동안 방문했을 때 우리가 어떻게 도와줄 것인가?'로 하면 어때요? 여행지를 정하고 각 여행지를 어떻게 이동하고 그곳에서 어떠한 음식을 먹을지 구체적으로 짜보는 것이에요. 기왕이면 우리 동네로 한정하여 외국인 친구들에게 소개하도록 하면 더욱 좋을 것 같구요."

참여자3 : "음식 메뉴를 짠다면 아침, 점심, 저녁 등으로 현실적으로 짜보면 좋을 것 같아요. 영어 수업이니만큼 해당 상황에 맞는 영어 문장 형태를 제시하고 상황에 맞는 단어를 넣을 수 있도록 빈칸을 만들어도 좋을 것 같아요. "

참여자1 : "영어 문장 단어 카드를 만드는 것도 좋겠네요. 앞 쪽에는 한국어, 뒤쪽에는 영어를 써도 좋을 것 같아요. 여기에 자석을 붙여서 칠판에 붙이도록 해도 좋을 것 같아요."

참여자2 : "교과서에 나와 있는 문장 구조를 활용하여 제시하는 것도 좋을 것 같아요. 그렇다고 모든 내용을 다 하기에는 분량이 많으니까 핵심 문장을 찾아 이렇게 구현해보는 것도 좋을 것 같네요."

수업자 : "좋은 생각이네요."

참여자3 : "영어 사전을 줄 수 있지만 사전을 찾는데 시간이 많이 들 수 있으니까 예상 단어들을 모아 학습지 형태로 제시하는 것도 좋겠네요."

참여자1 : "학습 수준별로 미션 과제를 제시하는 것도 좋겠네요. 하위 수준 학생들은 한국어로 된 단어카드를 활용하여 영어 문장 형태로 나열해 보도록 하고 중간 수준 학생들은 영어로 된 단어 카드를 활용하여 문장을 완성해보도록 하고, 상위 수준 학생들은 핵심 문장 구조를 주지 않은 상태에서 영어 단어 카드를 통해 직접 나열해보는 것도 좋겠어요."

수업자 : "학습 수준별 차이까지는 생각을 하지 못했는데, 학습 수준별로 미션 과제 차이를 두는 것은 좋을 것 같네요. 하지만 일부 학생들의 경우, 자기의 학습 수준이 드러나는 것이 부담스럽게 느껴지지 않을까요?"

참여자2 : "그렇다면 교사가 학습 수준별로 과제를 제시할 수도 있겠지만 학생들에게 난도별로 미션 과제를 직접 선택하여 과제를 수행해보도록 하는 것도 좋을 것 같네요. 난도별로 보상 수준에 차이를 두는 것도 좋을 것 같아요."

참여자3 : "이 활동을 모둠 차원에서 진행하는 것도 좋을 것 같아요. 모둠 차원에서 진행하되, 모둠 내 개인이 순서별로 과제를 수행해보면 어떨까요? 예컨대, 1단계에서는 모둠원 중 한 명이 한국어로 영어 문장 형태를 구성하고 2단계에서는 다른 모둠원이 영어 단어 카드를 활용하여 영어 문장을 완성하는 것으로 하는 것이에요. 그래서 모둠별로 진행하되, 단계별 진행 정도에 따라 모둠 보상으로 피드백하면 좋을 것 같아요. 그러면 개인별 학습 수준도 고려하면서 모둠 과제 형태로 진행하도록 하여 모둠 내 협동이 잘 이루어질 수 있도록 할 수 있을 것 같아요."

수업자 : "너무 좋은 생각이네요."

참여자1 : "다른 모둠원들 입장에서도 다른 모둠이 미션 수행 과정을 살펴볼 수 있어서 좋을 것 같아요."

참여자2 : "어, 그게 모둠 과제분담 학습 모형이 되겠네요. 모둠 과제분담학습 모형은 모

둠별로 서로 다른 과제를 제시하되 개인별로 세부 과제를 나누어 함께 풀어갈

수 있도록 만들어주는 모형이에요.”

참여자3 : “4단계를 완성해야만 모둠 보상을 주는 것이 아니라 3단계까지 가도 모둠 보상

을 하면 좋을 것 같아요.”

수업자 : “음, 너무 좋네요. 각 팀은 소주제별로 과제를 수행하는 것이지만 각 팀의 성과

물을 모으면 하나의 영어판 관광 매뉴얼로 완성될 수 있겠네요.”

참여자1 : “교사가 활동이 마친 후 마무리 단계에서 해당 내용을 피드백하면서 보충 설명

으로 마무리해도 좋을 것 같네요.”

참여자2 : “마지막에는 각 모둠별로 완성한 것을 전체적으로 발표해 보는 것도 좋겠네요.”

참여자3 : “그 결과물을 사진을 찍거나 스캔해서 정리한 다음 다른 학급에 그 결과물을

보여주는 것도 좋겠네요.”

참여자1 : “디지털로 할 수도 있지만 아날로그 방식도 좋을 것 같네요. 각 모둠별로 완성

된 것을 스케치북 형태로 모아서 대형 관광 가이드북을 만들어도 좋겠네요.”

수업자 : “그렇다면 학급별로 진도 차이를 두어서 진행해도 좋겠네요.”

사회자 : “전개 질문은 각 상황별로 문장을 알려주는 것이 되겠고, 위에서 이야기했던 것

을 출발 질문과 도착 질문으로 풀어가도 좋겠네요.”

수업자 : “이렇게 하면 교과서대로 진행하는 것보다 훨씬 좋을 것 같네요.”

참여자2 : “수업을 풀어갈 때 귀납적인 접근도 좋을 것 같네요. 즉, 활동을 먼저 하고 그 활

동의 의미가 무엇인지 교사가 설명하는 방식도 좋을 것 같아요.”

수업자 : “전 지금까지 연역적인 접근을 주로 했어요. 핵심 개념이나 문법을 설명하고 그

에 맞는 사례를 활동을 만들어 진행했었는데, 순서를 뒤바꾸는 것도 좋을 것 같

네요. 이렇게 하면 학생들의 몰입도가 더 높아질 것 같아요.”

참여자3 : "핵심 질문을 놓치지 말아야 수업이 마쳐도 핵심 질문만큼은 학생들의 머리 속에 남아있을 수 있을 것 같아요. 핵심 단어만이라도 잘 알고 있으면 외국을 가서도 생존 영어 형태로 활용할 수 있을 것 같아요."

사회자 : "이번 수업은 두 가지 포인트가 있는 것 같아요. 일단 이번 수업은 한국 문화의 우수성이 초점은 아닌 것 같아요. 첫 번째 포인트는 외국인의 관점에서 한국 문화를 흥미 있게 이해할 수 있도록 하는 것이 좋을 것 같아요. 그런데 이 부분만 강조하면 사회과 수업과의 차별성이 떨어질 수 있다고 생각해요. 두 번째 포인트는 상황에 맞는 영어 문장을 이해하고 활용할 수 있는 것이라고 생각해요. 그래야 학생들이 실제 그러한 상황이었을 때 활용할 수 있을 것 같아요."

수업자 : "오늘 나온 이야기를 토대로 새롭게 수업 지도안을 구성해 보도록 할게요."

사회자 : "오늘 공동 수업디자인 활동에 참여하면서 느낀 점은 무엇이에요?"

수업자 : "너무 감사합니다. 저에게 어느 정도 고정 관념이 있었던 같네요. 함께 수업 이야기를 하니까 좋은 아이디어가 나와서 정리되니까 너무 좋았어요. "

사회자 : "다른 참여자들도 참여 소감을 말해주시면?"

참여자1 : "저도 수업자 선생님 수업에 대하여 고민하면서 새로운 아이디어를 많이 얻게 되었어요."

참여자2 : "수업자 선생님께서 열린 마음으로 참여해 주셔서 오늘 수업 디자인 모임이 더욱 풍성했던 것 같습니다. 감사합니다."

참여자3 : "제가 영어 교사가 아니기에 처음 참여할 때는 사실 부담스러웠는데, 이런 자리를 통해 수업 고민을 나눌 수 있어서 참 좋았어요. 저도 다음번 모임에는 직접 수업자로 참여해 보고 싶어요."

사회자 : "모두 열심히 참여해 주셔서 감사합니다."

학습지 중심 수업 디자인 모임

학습지 초안을 가지고 수업 디자인을 하는 방법도 좋은 방법이다. 수업자가 만든 실제 수업 시간에 활용하는 학습지를 살펴보면 수업의 기본 흐름뿐 아니라 세부적인 운영 방식도 잘 알 수 있기 때문이다. 그리고 수업자 입장에서는 전체 수업지도안을 만드는 것은 다소 부담스러울 수 있지만 학습지는 누구나 간편하게 이야기할 수 있는 기초 자료로 활용할 수 있기 때문이다. 서울 한울중, 인천 신흥중, 경기 신능중 등이 이러한 방법을 적용하여 좋은 수업 혁신의 성과를 이룩했다.[18]

학습지 중심 수업 디자인 모임은 수업자가 실제 수업 시간에 활용할 학생용 학습 활동지 초안을 가지고 이야기하는 것이다. 물론 학습지 외에 수업 관련 영상 자료 등을 활용할 수도 있다. 학생용 학습 활동지를 분석하면 수업의 세밀한 진행과 흐름을 쉽게 알 수 있기에 가장 많이 활용하는 학습지를 매개로 수업디자인 모임을 운영해 볼 수 있다.

학습지 중심 수업디자인 모임을 진행하려면 일단 좋은 학습지가 무엇인지 알고 나면 좀 더 쉽게 피드백 활동에 참여할 수 있을 것이다.

교사가 학습지를 직접 제작하여 좋은 이유는 첫째, 학생 눈높이에 맞게 교육과정을 재구성할 수 있다. 교사가 교과서를 직접 집필한 것이 아니기 때문에 교과서만을 가지고 수업하기에는 한계가 있다. 학생들의 학습 수준, 특

---

18   남경운 외, "아이들이 몰입하는 수업 디자인", 맘에드림, 2014

성, 관심사에 맞추어 학습지를 만들어 활용하면 좋다. 학습지 제작 과정을 통해 교사는 교육과정을 재구성할 수 있는 실질적인 기회를 가질 수 있다. 교육과정 기획력을 신장시키는 첫 걸음이 학습지 제작이다.

둘째, 교사의 수업 구성 방식과 교수 유형에 맞게 수업을 디자인할 수 있다. 교사마다 수업하는 스타일과 전개 방식이 다르다. 교사가 개인적 특성과 선호하는 수업 디자인 방식에 맞추어 학습지를 직접 만들어 활용하면 좋다.

셋째, 학습 활동이나 수업 모형 운영 시 보조 자료로 활용할 수 있다. 예컨대, 협동학습의 과제분담학습 활동을 진행하려면 서로 다른 내용의 학습지 4개가 필요하다. 토의 토론 수업을 진행하려면 토의 토론 수업 모형에 맞는 토의 토론 학습지가 필요하다. 짧은 시간 안에 많은 학습 분량을 소화하려고 해도 교과서 요약형 학습지가 있어야 잘 진행할 수 있다.

좋은 학습지를 제작하기 위해서는 먼저 학습지 구성 요소를 이해해야 한다. 학습지 구성 요소는 크게 텍스트, 질문, 반응 여백, 이미지 등으로 이루어져있다.

- **텍스트(Text, 학습 내용)**

텍스트는 학습 내용을 말한다. 교과서 요약형은 교과서 내용을 요약한 것이고, 심화 자료형은 교과서 지식을 좀 더 깊이 있게 이해할 수 있도록 도와주는 것이다. 수업 목표와 의도, 수업 단계에 따라 텍스트의 성격이 달라진다. 무엇보다 학습 주제와 관련하여 흥미 있는 소재를 텍스트로 넣는 것이 좋다. 텍스트 내용에 오류가 있다면 오개념을 학생들에게 심어줄 수 있기 때문에 조심해야 한다. 좋은 텍스트를 선정하려면 관련 단행본이나 다양한 학습 자료, 인터넷 서핑 등을 통해 잘 찾아내는 것이 필요하다.

- **질문**

  텍스트는 투입(input)이라면 질문은 학생들의 학습 결과를 산출(output)할 수 있도록 이끄는 도구이다. 질문을 어떻게 하느냐에 따라 학습의 방향이 달라진다. 좋은 질문을 만들 수 있어야 학습 목표 이상의 배움을 이끌어낼 수 있다. 그런데 좋은 질문을 만드는 것이 그리 쉽지는 않다. 그러므로 먼저 교사부터 좋은 질문을 만들 수 있는 능력을 기르는 것이 필요하다.

- **반응 여백**

  학생들의 학습 활동이 표현될 수 있는 공간을 말한다. 가급적 여유 있는 공간을 주는 것이 좋다. 공간 넓이만큼 학생들의 반응이 나타나는 경우가 많기 때문이다. 양은 질을 담보하기 위한 좋은 수단이 된다.

- **이미지**

  학습지 구성 시 이미지(그림, 사진, 도표 등)를 잘 활용하면 시각적인 즐거움을 줄 뿐 아니라 이미지 형태로 사고의 방향을 이끌어갈 수 있다. 기존 학습지는 주로 텍스트 중심 학습지였다면 최근에는 마인드맵, 비주얼 씽킹, 씽킹 맵 등 이미지 중심 학습지가 많은 사람들에게 각광을 받고 있다. 특히 공간적 지능이 발달한 사람이나 시각형 학습자에게는 가장 좋은 학습 접근 도구가 된다.

  학습지 형태와 유형은 다양하다. 내용 중심의 기존 텍스트형, 텍스트 질문형, 요약형, 문제지형, 체크리스트형 학습지 외에도 이미지 중심의 마인드 맵(Mind-map)형, 씽킹 맵(Thinking Map), 액자형, 이미지(만화)형, 도표형, 비주얼 씽킹(Visual Thinking)형 등이 있다. 주로 현재 많이 사용하는 학습지 유형은 내용 중심이라면 최근 부각되고 있는 학습지 유형은 이미지 중심 학습지 유형들이다. [19]

〈좋은 학습지를 위한 점검 체크리스트〉

1. 왜 협동학습을 해야 하는가?

-학습지 내용이 학습 목표와 어느 정도 관련이 있는 것인가?

-너무 많은 학습 내용으로 인하여 핵심 질문이 잘 드러나지 못하고 있는가?

-핵심 질문이나 키워드가 학습지 제목으로 설정되어 있는가?

2. 학생 입장에서 답변하기 좋은 질문인가?

-혹시 추상적인 질문이나 복합 질문으로 학습지 질문이 이루어져서 학생 입장에서 반응을

하기에 애매하지는 않는가?

-학습지에서 제시하고 있는 텍스트나 이미지가 학생의 흥미를 유발할 수 있는 소재인가?

-질문의 의도가 학생 입장에서 분명하게 이해할 수 있는가?

---

19   김현섭, "철학이 살아있는 수업기술", 수업디자인연구소, 2017

3. 학습지 질문 분량이 적절한가?

-학습지 질문이 정해진 수업 시간 안에 소화하기에 적절한 개수인가?

-이 학습지가 몇 차시 분량을 전제로 만들어진 학습지인가? 1차시 안에서 소화하기에 질문이 너무 많거나 적지 않은가?

4. 학습지 질문 수준이 학생의 배움 눈높이에 적합한가?

-질문 형태가 너무 단순하여 학생 입장에서 질문만 읽고 교사의 의도대로 학습 활동을 전개 할 수 있는가? 반대로 제시문이나 질문이 너무 복잡하거나 애매하여 질문의 의도를 파악하기 힘들지 않은가?

-수업 단계에 따라 적절한 질문 수준과 유형으로 구성되어 있는가? 도입 질문은 흥미 유발, 전개 질문은 내용 이해, 도착 질문은 심화 학습 내지 실천에 맞게 구성되어 있는가?

-학습지 질문이 학생의 발달 단계에 맞추어 있는가? 혹시 너무 어렵거나 쉽지 않은가?

-수준별 학습지의 경우, 학생 수준에 맞는 질문 문항이 적절하게 배치되어 있는가?

5. 학습 구조(수업 모형)에 따라 학습지가 잘 구성되어 있는가?

-활동 단위가 개별학습-(짝 활동)-모둠 활동-학급 전체 순서를 전제로 학습지가 구성되어 있 는가?

-일제학습, 개별학습, 경쟁학습, 협동학습 중 어떠한 학습 구조에 맞추어 학습지가 구성되어 있는가? 어떠한 수업 모형을 위한 학습지인가?

6. 학습지 질문에 대한 학생의 반응 여백이 충분히 확보되고 있는가?

-남학생의 입장에서 다소 큰 글씨로 쓸 수 있을 만큼의 여백이 충분히 제공되고 있는가?

-학생들의 반응 여백이 너무 적거나 많아서 공간 활용이 잘 이루어지지 않고 있는가?

-메타 인지 질문(배움의 상태를 성찰할 수 있는 질문, 배움 일지)이 포함되어 있는가?

7. 학습지 내용의 가독성이 뛰어난가?

-학습 내용과 직접적이 관련이 없는 질문, 이미지, 내용 등이 있는가?

-글자 사이즈가 너무 작아 학생들이 학습지를 읽는데, 부담이 되고 있는가?

-글자 모양이 현란하여 예쁘기는 하지만 내용의 가독성이 떨어지지 않는가?

-이미지, 사진, 도표가 잘 인쇄되어 있는가? 사이즈가 작아 원하는 정보를 잘 알아보기 힘들지 않은가?

-학생들 발달 단계에 맞추어 디자인 측면에서 시각적으로 잘 구성되어 있는가?

학습지 중심 수업 디자인 모임을 하려고 하면 다음의 진행 시나리오를 참고하여 운영해 보면 좋다.

〈학습지 중심 수업 디자인 모임 진행 시나리오〉

1. 학습지 배부

· 학습지를 복사한 것을 수업공동체 모임에서 배부한다.

2. 수업자가 자기 학습지에 대하여 설명하기

· "이번 수업의 목표와 주안점은 무엇입니까?"

· "수업의 기본 흐름은 어떻게 진행될 예정입니까?"

3. 학습지 피드백 활동

· "다른 선생님들께서 수업자 선생님의 학습지에 대하여 피드백을 해주세요. 좋은 점이 있다 면 구체적으로 무엇인지, 보완해야 할 부분이 있는 무엇인지, 학습지 내용 중 잘 이해하기 어려운 부분이 있다면 구체적으로 질문해 주시면 좋겠습니다."

· "오늘 학습지를 어떻게 활용하여 수업을 진행할 것입니까?"

· "지난 학습지를 돌아보면서 다시 한 번 만들어 본다면 어떻게 수정 보완하겠습니까?"

· 동료 상호 피드백 활동

4. 모임 활동 소감 나누기

· "수업자의 참여 소감을 들어보도록 하겠습니다."

· "오늘 학습지를 어떻게 활용하여 수업을 진행할 것입니까?"

· "오늘 모임에 참여하신 참여자 선생님들께서도 오늘 수업디자인 모임을 통해 느낀 점, 배운 점에 대하여 이야기해 주세요."

학습지 중심 수업 디자인 모임의 실제

다음 사례는 서울 한울중학교 범교과 수업연구모임에서 실제 학습지 중심 수업 디자인 모임을 진행한 내용이다.

○ 일시 : 2017. 3. 21.(화) 15:30~16:40

○ 장소 : 회의실

○ 논의 내용

수업자 : "(교과서 인쇄물 배부) 제가 교사용 교과서를 복사해서 드렸어요. 학생 교과서
보다는 조금 복잡해보여요."

참여자1 : "교과서에도 s, h, W, F 이런 게 다 나와요?"

수업자 : "예."

타 교과 교사 : "아..."

수업자 : "이 단원에서 과학에서 말하는 '일'이라는 개념을 배워요. 거기까지는 아이들
이 조금 이해를 해요. 일은 힘을 주어서 물체가 그 방향으로 이동을 했을 때 일
을 하는 건데 힘 곱하기 이동거리로 계산하거든요. 그러고 나서 일을 얼마나
빨리 하느냐 하는 일률을 공부했어요. 일의 양과 시간을 고려해서 같
은 시간 동안에 많은 일을 했을 때 일률이 높다 거기까지 했어요. 그 다음에 도
구를 사용해서 일을 할 때 일의 양이 같을까, 달라질까를 알아보는 데 교과서
에 도구가 세 개가 나와요. 도르래, 지레, 빗면이에요. 지난 번 과학교과연구모
임에서 이 셋 중에 무엇을 가지고 공개수업을 하면 좋을지를 의견을 들어봤어
요. 그랬더니 다른 것도 물론 어렵지만 도르래가 가장 어렵다고 하더라구요.
그래서 도르래를 가지고 연구해서 좋은 활동지를 만들면 좋겠다고 했어요. 그
리고 이 단원이 원래는 6단원이에요. 그래서 제가 일부러 3월로 당겨서 하고
있어요. 이게 어려우니까 집중이 잘 되는 3월에 하면 좋겠다고 생각해서요. 그
정도로 어렵다고 생각을 하고 있어요. 그럼에도 불구하고 지레를 나가고 있는
데 벌써 아이들이 헤매고 있어요. 지레에서 한 시간은 이론을 하고 한 시간은
미니 시소를 이용하여 사탕의 질량을 재요. 그 다음 시간에는 수행평가를 하

거든요. 그러고 나서 도르래를 들어가는 건데 여기를 들어가면 그냥 실험하고 이해하고 이런 것도 어렵지만 여기에 기호와 단위가 많이 들어가요. 뉴턴, 미터, 줄, 와트 이런 게 들어가고 또 단위를 환산하는 게 있어요. 왜냐하면 우리가 몇 m씩 물체를 옮기지는 않으니까 cm를 m로 환산하는데 머리가 아파요. 그리고 곱셈과 나눗셈이 안 돼요. 계산을 해야 하는데 어려워해요. 1×0.06 이 얼마냐고 물으면 아이들이 1.06이라고 이야기를 해요. 그런 게 비일비재예요. 복잡한 계산은 계산기로 하는데 이것은 쉬운 축에 속하니까 그냥 하라고 하거든요. 그리고 아이들이 개념이 없는 게 지레가 3cm 올라가는 데 6cm 가 내려와요. 그러면 요기가 '2N 짜리 무게의 물체다. 힘이 몇 N이냐'라는 문제예요. 그러면 뻔히 그림에서 나와 있어요. 그럼에도 불구하고 아이들은 3cm 올라갔으니까 3cm 내려야 한다는 거예요. 그런 아이들이 절반 이상이에요. 아이들은 2N 짜리를 3cm 올렸잖아요. 그러면 이쪽도 무조건 2N의 힘으로 3cm를 내려야 한다는 거예요. 지레의 어디에서 힘을 주던지 간에요. 그래서 지레에서 재미와 생활과 과학적인 원리를 다 담아내야 하는데 그게 어려운거죠. 도르래도 마찬가지예요. 도르래의 원리도 알아야 하고 도르래가 우리 생활에 어떻게 이용되는지도 알아야 하고, 도르래가 얼마나 편리함을 주는 지도 알아야 하고, 이 세 가지를 다하고 싶은데 아이들이 어려워해서 고민이에요. 활동지를 봐주시면 첫 번째 도르래를 이용한 간단한 동영상을 보고 왜 사용할까 질문하면 힘을 줄이기 위해서요. 이런 답을 아이들에게 생각해보게 하는 거예요."

수업자 : "도르래를 사용하는 장면이 나오는 간단한 동영상이에요."

참여자2 : "저는 중학교 때 배웠던 기억이 나는데 그 때 선생님이 갖고 와서 보여주었으면 참 좋았을 텐데 그렇게 하지 않았어요. 그런데 움직도르래는 도르래가 움직여서 사실 도르래를 같이 들어 올리는 건데 도르래가 가벼워서 그 무게를 무시하는 건데 거기에 대한 설명이 없이 "이것은 반으로 줄어드는 거야."라고 하셔서 저는 '도르래 무게가 더해지면 더 힘들 것 같은데 왜 반이라고 하는 거지?'하고 거기에서 생각이 막히니까 그 다음에 당기는 길이가 두 배가 되는 것은 생각이 안 나고 계속 그 생각만 했어요. 나중에 끝나고 가서 여쭤봤더니 도르래 무게를 무시하는 거라고 설명해 주셨어요. 그게 풀리면 이해가 되는데 하나가 안 풀리니까 그 다음 내용은 설명이 안 들어와서 답답했던 기억이 있어요. 어쨌든 아이들이 이것을 해보는 거죠?"

수업자 :   "그것은 어떻게 해야 할지 모르겠어요."

참여자2 :   "학습지를 봤는데 아이들이 해보는 것 같아서요."

수업자 :   "실험은 동영상 버전이 있고 교사가 시범으로 보여주는 버전이 있는데 저는 시범으로 보여줬어요. 그래서 제가 가지고 왔는데 이것을 스탠드라고 해요. 고정도르래 시범실험은 스탠드에 매달아서 하지 않고 도르래를 칠판에 강력자석으로 붙여요. 칠판에 붙여서 하면 길이를 재고 이런 것이 편하거든요. 그러면 똑같은 힘을 줘서 똑같은 거리만큼 올라가는 것을 확인해요."

참여자1 :   "힘이 같다는 것은 무엇으로 확인했어요?"

수업자 :   "용수철저울 말고 추로 했어요. 추를 사용하는 것이 눈에 잘 보이니까. 그 다음에 움직도르래는 칠판에 고정 장치를 자석으로 부착해서 도르래는 움직일 수 있도록 했어요."

참여자4 :   "고정도르래, 움직도르래도 아이들이 구별하기 어려울 것 같아요."

수업자 :   "그렇죠."

참여자5 : "보여주면 알 것 같아요. 고정도르래를 고정되어 있고 움직도르래는 도르래가 움직이니까요."

참여자2 : "오히려 고정도르래는 일상생활에서 많이 사용하니까 보이기도 하는데, 움직도르래는 쓰기는 많이 쓰는데 사실은 복합해서 많이 쓰고 움직도르래만 단독으로 쓰는 경우가 별로 없으니까 그래서 아이들이 좀 많이 어려워하는 것 같아요."

참여자1 : "그리고 실제로 아이들이 보면 알기는 하지만 고정도르래도 돌기 때문에 움직도르래랑 헷갈려요. 그리고 이것은 한 곳에 있어서 고정도르래고 이것은 위아래로 움직여서 움직도르래라고 정리를 해줘야 해요."

참여자4 : "그림만 보면 두 도르래가 어떤 차이가 있지 하는 생각이 들어요."

참여자1 : "엄청 큰 차이가 있어요. 해 보면 알아요."

수업자 : "고정도르래를 했을 때는 물체의 무게와 같은 힘을 주어야 하고, 물체가 위로 올라가는 길이와 손으로 당기는 길이가 똑같아요. 같은 힘을 주어서 같은 거리만큼 당기는 거예요. 그러면 별로 이걸 왜 사용하나 하는 생각이 드는데 그것에 대해 이야기를 하는 거죠. 그런데 아이들이 잘 생각을 못하니까 교사가 힌트를 좀 주면서 진행하는 방향으로 가게 되구요. 이유는 방향을 원하는 대로 바꿀 수 있다는 거예요.

참여자1 : "국기 게양대 같은 거예요."

참여자6 : "아."

참여자2 : "저는 학창시절에 그냥 외웠는데요. 그렇다고 해도 힘은 똑같은데 방향 바꾸는데 이런 걸 왜 쓰나 하고 생각했어요. 제대로 이해를 못한 거죠. 약간 예시를 보여줄 필요가 있을 것 같아요. 혹은 예시가 나와도 아이들이 방향 바꾸는 것에 대해서 별로 중요하게 생각할 것 같지 않아서 무엇이 편리한지 자세히 구체적으로 설명해줄 필요도 있을 것 같아요.”

참여자1 : “교사가 설명해주지 않고 예시를 주면 아이들이 설명할 수 있을 것 같아요.”

참여자7 : “처음에는 그냥 들었는데, “고정도르래로 이렇게 들었는데 힘이 같아, 그럼 왜 쓸까?” 하고 묻는 거죠.”

참여자2 : “그런 질문을 해도 답변이 나오기는 힘들고 나와도 저 같은 학생이 있을 것 같아요. 편리한 거라는 생각을 못할 것 같아요.”

참여자1 : “실험실 상황에서는 당연히 못하고 우물, 두레박, 국기게양대 같은 예시를 줘야 해요. 국기게양대 같은 경우에 “저 높은 데까지 국기를 달려면 어떻게 할까? 올라가서 끌어올릴까?” 하고 물어보는 거죠. 구체적인 예시가 있어야 의미를 설명할 수 있어요.”

참여자7 : “내 생각에는 그냥 해보고 안 되면 그 때 팁을 주면 좋겠어요.”

참여자5 : “그리고 사람이 무거운 것을 들기는 힘들어요. 그런데 무거운 것을 내리기는 쉬워요. 왜냐하면 자기 몸무게가 있으니까요. 자기 몸무게로 매달리면 되니까요.”

참여자1 : “저런 이야기가 아이들에게서 나올 수 있어요.”

참여자7 : “우리가 원하는 것은 선생님이 하는 이야기를 아이들 입에서 나오도록 하는 거죠.”

참여자2 : “어쨌든 시간은 주는 데 제 생각은 쉽게 안 나올 것 같아요.”

참여자1 : “이거 하나만 가지고도 한 시간 할 수 있어요.”

수업자 : “움직도르래도 똑같이 앞에서 시범으로 보여줘요. 이것은 힘은 절반으로 줄여주는 데 당기는 길이가 2배로 길어져요. 결국 하는 일은 똑같은데 힘을 줄

이는 효과가 있어요. 그래서 움직도르래를 사용하는 이유는 그러면 힘을 줄이기 위해서라고 아이들이 쉽게 이야기를 해요."

- 중략 -

참여자6 : "저는 감이 잘 안 오는 것 같아요."

참여자7 : "헬스장에 가면 걸리는 것이 다 도르래예요."

참여자3 : "저는 이게 왜 움직도르래인지 모르겠어요."

참여자5 : "도르래의 위치가 위아래로 움직이는지 아닌지에 따라서 그래요."

참여자3 : "저는 학습지를 보면서 아직은 이해가 잘 안 되서 무슨 이야기를 해야 할지 모르겠구요. 앞에 아이들이 느낄 수 있게 생활에서 친숙한 도르래를 보여주면 좋겠어요."

참여자2 : "앞에 생활 속의 도르래에 대한 동영상을 보여주면 어떨까요?"

참여자4 : "자전거 기어도 도르래예요?"

수업자 :   "그건 축바퀴예요. 지레의 일종이에요. 그러면 생활 속의 도르래가 처음에 제시가 되는 게 좋을 것 같다는 거죠?"

참여자3 : "그리고 고정도르래, 움직도르래라는 말이 초반에 나오니까 저는 학습의욕이 상실되는 것 같아요."

수업자 :   "그럼 그런 내용을 바탕으로 해서 학습지를 만들어 보고 다음 모임에는 도르래를 직접 가지고 와서 실험을 하면서 해볼까요? (예) 그 다음에 몇 반을 데리고 할지 고민인데 원래는 진도가 가장 느린 반으로 하는데 지금은 학기 초라 진도가 거의 비슷해요. 그리고 작년에는 가장 학습이 힘든 반을 데리고 했는

데 올해는 학급분위기가 거의 비슷해요. 어느 반으로 하면 좋을까요?"

참여자2 :   "1반은 적극적인 아이들이 많이 없어서 이런 경우에 어떤지 관찰을 해보고 싶어요."

수업자 :   "힘든 반을 봐주는 것이 좋은 것 같아요. 이렇게 하면 아이들이 달라지기도 해요. 선생님들이 지켜봐 주시니까요. 제가 고민해볼게요. 그럼 다음 주 이 시간에 제가 도르래와 함께 등장하겠습니다."

6-7 도르래의 원리(원본)

동영상 탐구 1 "도르래" 동영상을 보고 다음 물음에 답해 보자.

1. 도르래를 사용하는 까닭은 무엇일까?

2. 도르래 여러 개를 한꺼번에 연결하여 사용하면 어떤 점이 좋을까?

모둠 탐구 1 "고정 도르래" 실험을 보고 다음 물음에 답해 보자.

1. 도르래가 고정되어 있는 도르래를 (   ) 라고 한다.
2. 고정 도르래로 물체를 들어 올리려면, 물체의 무게
   (보다 작은 , 와 같은 , 보다 큰) 힘을 주면 된다.
3. 고정 도르래로 물체를 들어 올릴 때 줄을 당기는 거리는,
   물체가 올라오는 거리 (보다 크다 , 과 같다, 보다 작다).
4. 고정 도르래를 사용하여 물체를 들어 올릴 때 <u>하는 일</u>은 직접
   들어 올릴 때 하는 일 (보다 크다 , 과 같다, 보다 작다).
5. 고정도르래를 사용하는 이유는?

모둠 탐구 2 "움직 도르래" 실험을 보고 다음 물음에 답해 보자.

1. 도르래가 위아래로 이동하는 도르래를 (   ) 라고 한다.
2. 움직 도르래로 물체를 들어 올리려면, 물체의 무게의 (   )의
   힘을 주면 된다.
3. 움직 도르래로 물체를 들어 올릴 때 줄을 당기는 거리는, 물체가
   올라오는 거리의 (   )배 이다.
4. 움직 도르래를 사용하여 물체를 들어 올릴 때 <u>하는 일</u>은
   직접 들어 올릴 때 하는 일 (보다 크다 , 과 같다, 보다 작다).
5. 움직도르래를 사용하는 이유는?

- 1 -

1. 아래 그림에는 고정 도르래가 (   ) 개, 움직 도르래가 (   ) 개 있다.

2. 500 N 인 짐을 들어 올릴 때 아이가 <u>줄을 당기는 힘</u>은 최소한 얼마이어야 하는가?

3. 짐을 1m 들어 올릴 때 <u>아이가 하는 일</u>은 얼마인가 ?

4. 200N의 힘까지 낼 수 있는 아이가 무게 800N 인 짐을 들어 올리려고 한다. 이것이 가능하도록 하는 <u>도르래 여러 개를 연결한 그림</u>을 아래에 그려 보자.

〈최종 수정학습지〉

6.7 도르래를 사용하는 까닭은?(최종)	대단원명	6. 일과 에너지 전환
	교과서	pp. 308 ~ 309
	반 번 이름 :	

🎞 동영상 보고 답하기 : "도르래"

1. 도르래를 사용하는 까닭은 무엇일까?

> ◉ 도르래
> : 바퀴에 홈을 파서 줄을 걸어 돌려 물건을 움직이는 장치

🎞 탐구 1 : "도르래" 찾기

1. 다음은 생활 속의 도르래 그림이다. 모든 그림에서 도르래를 찾아서 도르래에 ◯ 표시를 하시오.

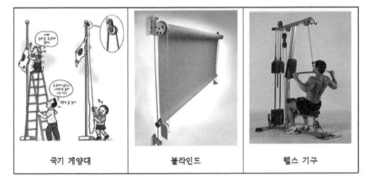

| 국기 계양대 | 블라인드 | 헬스 기구 |

🎞 탐구 2 : 도르래 실험

그림과 같이 세 가지 방법으로 같은 무게의 물병을 들어 올려보자.

　(단, ① 실의 끝을 잡고 들어올린다.　　　　② 한 손으로만 들어올린다.

　　　③ 물병을 바닥에서 10cm 정도 들어올린다.　④ 4명이 각자 해본다.)

(가)

(나)

(다)

1. 물병을 들어 올릴 때 <u>느껴지는 힘이 큰 것부터</u> 순서대로 쓰시오. (힘의 크기가 같을 수도 있음)

2. <교사시범실험> 선생님이 용수철저울로 측정한 힘의 크기를 표에 적어보자.

구분	(가)	(나)	(다)
힘의 크기 (N)			

3. (가)와 (나)의 힘의 크기는 (　　같다,　　다르다).

　(나)에서 도르래를 사용하는 이유는 (

　　　　　　　　　　　　　　　　　　　　　　　　　　　　　　) 이다.

4. 힘이 적게 드는 경우는 (　　가,　　나,　　다)이다.

　그 이유는 (

　　　　　　　　　　　　　　　　　　　　　　　　　　　　　　) 이다.

〈2017년 사전 수업디자인모임과 공개수업을 준비하면서〉

어느새 공개수업일이 다가왔네요.

'학생들이 참여하고 협력하는 수업...'

강의식으로만 수업을 해왔던 제가 2012년 우리 학교에 와서 꼭 하고 싶었던 수업입니다.

하지만 마음만 있고 어떻게 해야 할지를 몰라 한없이 쪼그라들고 자신감이 떨어지던 저의

모습이 떠오릅니다. 그래서 수업을 바꾸고 싶었지만 첫해에는 공개수업을 할 용기가 없었

습니다.

다음 해인 2013년, 용기를 내어 수업을 공개했는데 혼자가 아니라 함께 준비하는 공개수

업을 하면서 저는 많은 것을 느끼고 배웠습니다. 특히 사전준비모임에서 많은 것을 배웠습

니다. 그 배움이 저를 부담스럽지만 해마다 공개수업을 하도록 이끌고 있는 것 같습니다.

올해 공개수업을 준비하면서 두 가지 고민을 했어요.

어떤 단원을 할까? 그리고 어떤 반을 데리고 할까?

지금 배우는 '일과 에너지 전환'은 사실 2학기에 배울 단원인데 3월에 미리 당겨서 가르

치고 있습니다. 너무 어려운 단원이어서 3월에 정신이 바짝 들어있을 때 해야겠다고 생

각했기 때문입니다. 지금은 도구를 배우고 있는 중인데 특히 '도르래의 원리' 부분을 가

장 아이들이 어려워합니다. 그래서 사전연구모임에서 이렇게 이야기를 했습니다.

'도르래 단원이 가르치기 너무 힘들어요. 저를 도와주세요.'

그리고 다짜고짜 선생님들께 활동지를 보여드리면서 풀어보시라고 했고, 도르래 실험도

구를 가지고 와서 활동지를 보면서 장치를 해보시라고 하였고, 문제를 풀고 난 후 왜 그렇

게 생각하셨는지 말씀해달라고 하였습니다. 국어, 미술, 가정 등 여러 교과 선생님들이

이 활동에 참여해주셨는데 어떤 선생님은 호기심을 가졌고, 어떤 선생님은 어렵다고 머

리를 쥐어 뜯으셨고, 어떤 선생님은 한 문제에서 막히니까 그 다음 문제로 넘어가지를 못하셨습니다. 그 속에서 과학과 교사들이 그 선생님들을 이해시키려고 무진 애를 썼으나 결국 모든 분들을 이해시키는 데는 실패했습니다.

저는 '아, 아이들도 이렇겠구나.'를 생각했습니다.

타 교과 선생님들은 이렇게 말씀하셨어요.

'저희가 직접 해보니 아이들의 마음이 이해가 되요.'

해결의 실마리는 타 교과 선생님들께서 해 주신 피드백들이었습니다.

어느 부분에서 어려움을 겪는지를 솔직하고 세심하게 말씀하여 주셨습니다. 정말 감사드립니다. 또한 그 부분을 해결하기 위한 아이디어들을 자유롭게 제시하여 주셨습니다. 정말 감사드립니다.

그리고 사전 수업 참관에서 제가 수업진행을 하느라 미처 살펴 볼 수 없었던 아이들의 배움의 과정을 세세히 관찰하셔서 피드백을 해주셨던 것도 정말 많은 도움이 되었습니다. 감사합니다. 아이들을 생각하는 마음으로, 아이들의 입장에서 선생님들이 함께 이 문제를 고민하여 주셨습니다. 감사드립니다. 오늘의 수업은 이 모든 선생님들이 함께 해주신 결과입니다.

저는 담임교사가 아닌지라 공개수업 학급을 어느 반으로 할지도 고민이었습니다. 저의 경험에 따르면 아이들은 공개수업을 통해서 한 계단 더 성장하였습니다. 그동안의 공개수업을 보면 많은 선생님들이 지켜보는 가운데 부담스럽기도 하겠지만 아이들은 선생님들께 잘 보이고 싶어 했고 최선을 다하는 모습을 보여주었습니다. 그 속에서 아이들은 새로운 수업에 대한 경험을 하고 자존감이 높아지기도 하였습니다. 그리고 선생님들이 아이들의 수업을 위해 애쓰고 노력하는 모습을 보면서 선생님들의 관심과 사랑을 느끼기도 하였습니다.

공개수업은 교사와 학생 모두에게 소중한 경험인 것 같습니다. 방과 후의 바쁜 일정에서도 이렇게 제 수업을 봐주시고 연구회에 참석해주신 여러 선생님들께 진심으로 감사를 드립니다.

<학생 설문 결과>

1. 공개 수업 시 많은 선생님들이 가까이에서 관찰할 때 어땠나요? (두 가지 이상)

- 괜찮았다. 재미있었다.

- 떨렸지만 많이 웃어주셔서 감사했다. 선생님께서 반응을 잘해 주셔서 긴장이 조금 덜 되었 다.

- 부담스럽기도 했지만 선생님들이 많아서 더 열심히 하게 된 것 같다.

- 선생님들이 뒤에서 (가까이) 있어서 떨렸다. 선생님들이 뒤에서 (가까이) 있어서 우리 반이 평소보다 조용했다.

- 처음은 좀 부담스러웠지만 시간이 지나자 괜찮아졌다.

- 좀 불편했지만 그래도 집중이 더 잘 되는 것 같다.

- 조금 부담스러웠다. 잘 해야겠다는 생각이 들었다.

- 놀랐다. 긴장되었다.

- 아무 생각이 없었다. 도르래를 봤다.

- 처음에는 부담이 되었다. 계속 신경이 쓰이긴 했지만 괜찮아졌다.

2. 이번 공개 수업을 통해 새롭게 알게 된 내용이나 배운 점은 무엇인가요?

- 도르래의 원리와 사용하는 이유

- 수업시간에 도르래라는 것을 알게 되고 공개수업으로 많은 분들이 온다는 것을 알게 되었다.

- 도르래를 이용하여 물건을 쉽게 들어 올릴 수 있다는 것을 알게 되었다.

- 도르래에 대해서도 잘 알게 되었고 모둠토의로도 알맞은 답을 구할 수 있다는 것을 느꼈다.

- 도르래를 아래서 위로 당기는 것이 더 쉽게 당길 수 있다는 것을 알게 되었다.

- 도르래를 이용하면 편하게 들 수 있다는 것을 알았다.

3. 공개 수업 시 우리 모둠 활동의 좋은 점과 아쉬운 점과 개선 점은 무엇인가요?

① 좋은 점

- 재미있다.

- 평소보다 협력하여 잘 해결했던 것 같다.

- 모둠원들과 자유롭게 토의할 수 있다.

- 대화가 많다. - 좀 더 열심히 한다.

- 정답을 잘 맞춤.

- 모두 열심히 참여했다.

- 친구들과 같이 하는 게 즐거웠다.

- 집중이 잘 된다.

- 토의가 잘 된다.

② 아쉬운 점

- 실험하는 시간이 부족함.

- 답을 맞추지 못했던 점.

- 떨어서 실수를 하고 긴장해서 말을 잘 못했다.

- 대화를 많이 안 함.

- 우리 모둠이 발표는 참여 안하려고 함.

- 어리바리했다.

- 선생님들이 많아서 긴장되었다.

- 의견 차이가 있었다.

- 좀 시끄럽다.

③ 개선 점

- 실험 시간이 좀 더 있으면 좋겠음.

- 더욱 열심히 참여하면 좋겠다.

- 아니라고 하면 그만 물어봐야 된다.

- 대화를 해야 됨.

- 발표를 하겠다고 자신 있게 말해야 할 듯.

- 더 의견을 많이 냈으면 한다.

- 의견이 많아 고르기 어려웠다.

- 서로의 의견을 존중해야 할 것 같다.

4. 오늘 공개 수업에서 가장 기억에 남는 장면은 무엇인가요? 그 이유는?

- 도르래를 실험하는 장면이다. 실험하는 과정이 재미있었고 같이 협동해서 해결하니 뿌듯 했다.

- 어떤 친구가 도르래를 "도를래"라고 해서 다 함께 웃던 장면이다. 무서운 분위기를

빼서 긴장감을 조금 풀었던 것 같아서.

- 앞에서 모둠별로 발표할 때이다. 각자 모둠에서 자기 모둠의 의견을 말하는 게 기억에

  남아서

- 도덕 선생님이 학생들과 같이 공부에 참여했던 장면이다. 공부를 마친 지 오래 되었어

  도 지금도 열심히 공부를 하고 있다는 점에서 대단하고 존경하기 때문이다.

- 페트병을 도르래를 이용해서 들어 올릴 때이다. 페트병을 들어 올리는 게 재미있었다.

- 발표할 때이다. 자신의 생각을 잘 말해서

- 도르래를 올릴 때이다. 힘의 양이 다 달라서 한 손으로 들 때 도르래의 힘이 비슷했다.

- 우리 모둠 친구가 앞에 나가서 발표하는 장면이다. 발표를 잘 해서

- 도르래를 이용해 물병을 들어 올리는 장면이다. 신기했다.

〈학습지 중심 수업디자인 모임 시 유의 사항〉

학교 분위기와 참여자들이 충분히 공동 수업디자인 모임의 필요성과 방법을 인식할 때
실천하면 좋다. 아무리 좋은 모임도 필요성과 구체적인 방법을 인식하지 못한 상태에서
실천하면 갈등이나 문제들이 발생할 수 있다.

좋은 학습지 제작 및 활용 요령에 대하여 연수나 책 스터디를 통해 학습한 이후에 학습지
중심 수업디자인 모임을 실천하면 좋다.

> ·교사가 학습지를 직접 제작하거나 변형하여 활용하라.
>
> ·학생들에게 포트폴리오 방식으로 관리하도록 하라.
>
> ·교사가 학습지를 직접 제작하거나 변형하여 활용하라.
>
> ·교사가 학습지를 직접 제작하거나 변형하여 활용하라.
>
> ·교사가 학습지를 직접 제작하거나 변형하여 활용하라.

수업자가 미리 학습지 초안을 가져올 수 있도록 한다. 사전에 완성도가 높은 학습지를 준비하면 수업자도 부담되겠지만 피드백 과정에서 원활하게 진행되기 힘들 수 있다.

무엇보다 신뢰 관계를 바탕으로 피드백을 할 수 있도록 한다. 그리고 부드럽지만 수정 보완을 위한 의미있는 피드백을 할 수 있도록 해야 한다. 실제 수업 단계에서 사전 공동 수업디자인에서 피드백을 받은 내용을 반영할 수 있도록 한다. 수업 공개 이후 수업 나눔 활동을 통해서 잘 마무리될 수 있도록 진행하면 좋다.

수업공동체 리더를 위한
수업 공동체 운동론

[수업 공동체 리더를 위한 수업 공동체 운동론]

학교 안 수업 공동체 활동의 한계

우리나라 공립학교의 경우, 학교 안 수업 공동체가 오랫동안 지속되기 힘든 한계가 있다. 가장 큰 이유 중의 하나는 일정 기간 근무하면 다른 학교로 전근을 가게 되는 교원 인사 제도와 관련이 있다. 그래서 학교 안 수업공동체가 잘 구성되고 운영되어도 여러 해에 걸쳐 유지되기 힘든 경우가 많다. 특히 수업공동체 리더 교사가 전출되는 경우, 수업 공동체도 함께 흔들리는 경우가 많다.

사립학교의 경우, 교사들은 같은 학교에서 오랫동안 근무하기 때문에 공립학교에 비해 수업 공동체가 오랫동안 유지될 가능성이 높다. 하지만 시간이 지나면 서로에 대하여 익숙해지기 때문에 초창기에 비해 역동성이 떨어지거나 동호회처럼 성격이 변하기 쉽다.

최근 학교 업무가 늘면서 일과 시간 안에 별도 시간을 내어 수업 공동체 활동을 하기가 쉽지 않다. 학교 교육과정 상에 별도의 교사학습공동체 시간을 두지 않는 한 지속적으로 수업 공동체 활동을 진행하기 어렵다. 또한 긍정 방향의 교사들이 많은 경우, 수업 공동체 활동이 잘 이루어질 수 있겠지만 부정 방향의 교사들이 많은 경우, 학교 차원에서 시간을 배정해도 수업 공동체 활동이 잘 운영되기 힘들다.

학교 안 수업 공동체의 한계를 극복하기 위해 등장한 것이 학교 밖 수업 공동체이다. 학교 안 수업 공동체가 발달한 외국에 비해 우리나라는 학교 밖 수업 공동체가 발달하였다. 학교 밖 수업 공동체는 학교 안 수업 공동체에 비해 운동적인 성격을 가진다. 교사 입장에서는 방과 후 모임에 나가는 것 자체가 그리 쉬운 일이 아니다. 그래서 교사 개인의 수업 성장에 대한 의지가 높거나 학교 안에서 수업에 대한 필요를 온전히 채우지 못하기 때문에 학교 밖의 수업 공동체 활동에 참여하는 경우가 많다. 대개 학교 밖 수업 공동체는 근무 시간 이후에 별도의 공간에서 뜻을 같이 하는 교사들끼리 모이기 때문에 자연스럽게 긍정 방향의 교사들이 열정을 가지고 모이게 된다. 그래서 학교 안 수업 공동체에 비해 운동성이나 전문성이 보다 더 강한 성격을 가지게 된다.

학교 밖 수업 공동체 운동의 역사

우리나라 교육계의 역사를 살펴보면 교사들이 주도한 수업 공동체 운동 1세대는 1990년대 초반 시작한 중등 중심의 전국교과모임연합과 초등 중심의 한국열린교육연구회라고 생각한다. 물론 그 이전에도 교육청 지원 각종 교사 중심 연구회들은 존재했지만 자율성은 그리 높지 않았기에 지원이 끝나면 연구회도 사라지는 경우가 많았다. 전국교과모임 소속 단체들은 수업 방법 개선을 넘어 기존 국가 주도 교육과정을 비판하면서 대안적 교육과정 운동을 펼쳤다. 그 중에서도 전국 국어교사모임은 중등학교에서의 국정 교과서 체제를 검인정 체제로 바꾸는데 크게 기여하였다. 초등학교 교사들을 기반으로 한 열린교육연구회는 열린 교육 운동을 전국적으로 확산하면서 교육계에 큰 영향력을 행사하였다. 그런데 열린 교육 운동은 김영삼 정부 시절 아래부터의 개혁 운동이 위로부터의 개혁 운동으로 성격이 바뀌면서 교사의 자발적인 참여와 자율성이 상대적으로 떨어졌다. 하지만 90년대 후반 교실 붕괴 담론이 등장하면서 보수 언론들로부터 열린 교육 폐해로 지목되면서 그 운동성을 많이 상실하였다.

수업 공동체 운동의 2세대는 2000년대 초반에 시작한 협동학습연구회, 깨끗한 미디어를 위한 교사운동, 인디스쿨, 교실 밖 커뮤니티 등이 있다. 이전 1세대 운동의 성과에 영향을 받으면서 새로운 영역의 수업 혁신 운동을 개척했다. 교과 중심 접근에서 수업 방법이나 미디어 연구 등 전문 영역 주제 중심으로 접근하면서 수업 공동체 운동을 전개했다. 또한 온라인이 발달하면서 관련 사이트를 중심으로 수업 자료를 공유할 수 있도록 하면서 온라인 모임이 오프라인 모임으로 발전하게 되었다.

수업 공동체 운동의 3세대는 2010년대 배움의 공동체 연구회, 하브루타 연구회, 프로젝트 수업 연구회, 비주얼 씽킹 연구회 등이다. 다양한 수업 혁신 담론이 등장하면서 관련 수업 공동체 단체들이 많이 생겨났다. 특히 혁신 학교 운동과 맞물리면서 혁신 학교 소속 교사들을 중심으로 수업 혁신 운동이 전개되고 있다. 교육부나 교육청의 교사학습공동체 지원 정책이 시행되면서 예전보다 유리한 환경에서 수업 혁신 운동이 전개되고 있다. 그리고 2세대 수업 공동체 단체들과 3세대 수업 공동체 단체들이 공존하면서 더욱 수업 혁신 운동의 스펙트럼이 다양해졌다.

수업 공동체 활동에서 수업 공동체 운동으로

모든 사람은 열정을 가지고 있다. 대개 사람은 가치에 따라 살아가고 의미 있게 살고 싶어 한다. 자기 열정을 자기가 추구하는 가치에 따라 사용한다. 그런데 사회 정의 구현, 교육적 가치 실현 등 사회적 가치를 이루기 위해서는 혼자의 노력으로는 한계가 있다.

필자의 경우에도 마찬가지였다. 혼자의 힘은 미약했기에 뜻을 같이 사람들과 함께 어울리면서 공동체 안에서 성장하였다. 대학 시절에는 기독학생단체(CCC)에서, 교사가 되고 나서는 기윤실 교사모임, 좋은교사운동, 협동학습연구회 등 다양한 교사단체에서 리더로서 활동하였다. 현재도 수업디자인연구소, 교육디자인네트워크 등에서 활동하고 있다. 그동안 다양한 교육 운동에 참여하면서 많은 것을 경험하면서 내 자신이 성장했을 뿐 아니라 소속 단체의 성장도 경험하였다. 특히 개인적으로는 수업 혁신과 학교 혁신에 대한 관심을 가지고 오랫동안 참여했기에 교사의 전문성을 신장시키는 소위 교육 전문 운동(교사자율연구모임)에 집중했었다. 최근에는 주변에 교육 전문 운동가를 꿈꾸는 사람들이 많은 것 같아 기쁘다. 이들에게 조금이나마 도움이 되길 바라는 마음으로 개인적인 고민과 경험을 바탕으로 수업 혁신 운동에 대한 생각과 경험들을 정리해보고자 한다.

운동(運動, movement)이란 1차적으로는 신체, 생물체, 물체의 움직임을 의미하지만 사회적인 측면에서는 자신의 주장이나 신념을 실현하기 위해 사회적 행위를 말한다. 추구하는 가치와 목표가 분명하지 않고 그것이 있다 하더라도 가만히 있으면 운동이라고 말하기 힘들 것이다.

그에 비해 공동체는 같은 관심과 의식으로 환경을 공유하는 사회 집단을 말한다. 공동체는 소속감을 가지고 서로의 삶을 공유하고 영향을 미치는 집단이다. 운동은 공동체에 비해 사회적 영향력에 보다 초점을 둔다고 할 수 있다. 공동체와 운동은 많은 부분 겹치지만 상대적으로 공동체는 존재(Being)에 초점이 있다면 운동은 활동(Doing)과 영향력(Power)을 강조한다.

수업 공동체 운동의 5가지 요소

일반적으로 운동의 요소는 방향, 힘, 재생산, 문화가 있다. 방향은 운동의 지향점과 목표를 말하고, 힘은 운동의 영향력을 말한다. 재생산이란 차기 리더 양성 및 리더십 교체를 말하고, 문화는 그 운동 단체만이 가지고 있는 독특한 고유 생활양식을 말한다. 그런데 수업 공동체 운동은 거기에 전문성(콘텐츠)이라는 요소가 더해진다. 해당 영역에서 남들과 다른 안목을 가지고 콘텐츠를 생산할 수 있는 능력을 말한다.

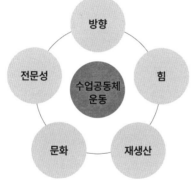

1. 방향 (철학, 비전)

· 문제 인식의 출발점, 운동의 주체와 대상

운동의 시작은 방향에서 비롯된다. 방향은 현실이 가지고 있는 문제점을 어떻게 인식하는가에 따라 결정된다. 방향은 그 운동의 목표와 정체성을 말하는 것이므로 운동의 요소 중 가장 중요한 요소라고 볼 수 있다. 수업 혁신 운동이라면 수업 현실의 문제점과 모순에서 시작된다. 동일한 문제점도 어떠한 시각에서 접근하느냐에 따라 운동의 방식도 달라진다. 예컨대, 수업 혁신 운동의 경우, 교육과정이냐, 수업 방법이냐, 수업 철학이냐, 교사 내면이냐, 전반적인 수업 문화냐에 따라 수업 혁신 운동의 방향이 달라진다. 물론 이러한 방향이 실제로 분리하여 생각하기 힘들지만 문제의식의 출발점이 어디에서 시작되었느냐에 따라 운동의 방향 뿐 아니라 운동의 방식과 양상에도 큰 영향을 미치게 된다.

현실적인 수업 문제를 다룰 때에도 입시제도 등 교육제도인가, 경직된 교육과정 운영인가, 지식 전달 위주의 수업 방식인가, 힘든 학생과의 생활지도인가에 따라 수업 혁신 운동의 영역이 달라질 것이다. 예전에는 답답한 수업 현실의 문제를 극복하기 위해 사회적 관심사나 거대 담론을 중심으로 수업 혁신 운동이 시작되었다면 최근에는 리더의 개인적인 관심사로 인하여 시작되어 세부 담론을 중심으로 자연스럽게 운동으로 확산하는 경우가 많다. 어떤 운동이든 주체와 영역, 그리고 대상이 분명하지 않으면 그 운동은 실패할 확률이 높다. 수업 혁신 운동은 운동 성격상 교사가 주체이면서 동시에 대상이 된다.

• 운동 단체와 동호회(동아리)는 다르다!

운동 단체와 동호회(동아리)는 그 의미가 다르다. 동호회는 기본적으로 공통된 취미나 관심사를 가진 사람들이 모여서 만든 단체나 모임이다. 동아리(club)는 '한 패를 이룬 사람들의 무리' 라는 뜻의 순

우리말 표현이다. 그런데 운동 단체와 동호회(동아리)는 공동의 목적을 위해 모인 단체라는 점에서는 동일하지만 목적의 대상이 다르다. 즉, 동호회(동아리)는 모임 목적이 회원의 이익이지만 운동 단체는 회원이 아닌 불특정 다수 내지 공공의 이익이다. 그래서 회비 개념도 동호회는 회비가 맞는 표현이지만 운동 단체는 후원비가 맞는 표현이다. 어떤 교원 단체는 운동 단체로 시작했으나 회원들의 권익을 위한 이익 단체로 변질되었는데, 이 경우, 최소한 운동 단체라고 말할 수는 없다. 수업 공동체 운동 단체라면 단체 회원들만의 수업 성장을 목적으로 하는 것이 아니라 회원이 아닌 일반 교사들의 수업 성장을 위해 노력해야 한다는 것이다.

• 차별적인 운동 전략 세우기

운동의 방향에 따라 그에 맞는 전략과 전술을 세울 수 있어야 한다. 수업 혁신 운동을 시작할 때 앞서 이미 수업 혁신 분야에서 운동을 하고 있는 사람이나 단체의 전략을 분석할 필요가 있다. 다른 모임과 동일한 전략을 가지고 운동을 해서는 후발 주자가 선두 주자보다 의미 있는 성과를 도출할 수 없다.

필자가 2000년 협동학습연구회를 시작할 즈음 이미 선발 주자들이 수업 혁신 운동을 전개하고 있었다. 1세대 중등학교 중심 수업 혁신 운동은 주로 교과 중심 운동이나 교육과정 운동이었다. 협동학습연구회는 이름 그대로 협동학습을 중심으로 시작한 단체였기에 교육과정 대신 교수학습방법에 집중하였다. 교육과정 분야는 심도 있는 주제지만 짧은 시간 안에 운동적 성과를 거두기 힘든 영역이다. 그에 비해 교수학습 분야는 새내기 교사부터 고경력 교사에 이르기까지 공통적인 현실적인 고민 거리였기에 대중적으로 운동을 펼칠 수 있었다. 그리고 범교과적으로 운동을 펼칠 수 있고 초등과 중등학교 급별을 뛰어 넘는 영역이었기에 적은 숫자로도 효과적인 수업 혁신 운동을 전개할 수 있었다. 물론 당시 이미 초등학교 중심 열린 교육 운동이 휩쓸고 지나간 시기였다. 그런데 기존 열린 교육 운동은 수업 방법 개선 운동이긴 했지만 주로 초등 분야에 국한되어 있었고, 아래로부터의 개혁 운동이 위로부터의 개혁 운동으로 변질되면서 자발성과 진정성이 약화되었던 상황이었다.[20] 그런데 협동학습 운동은 자발성과 진정성을 토대로 수업 방법 개선에 초점을 맞추었기에 열린 교육 운동과도 차별성을 가지고 교수 학습 분야의 전문성을 축적해나갈 수 있었다.

레드 오션보다 블루 오션[21]을 찾아 새로운 수업 혁신 운동을 개척하는 것이 필요하다. 이미 많은 사람들이 연구한 분야보다는 꼭 필요하지만 상대적으로 관심을 받고 있지 않는 분야에 운동적인 역량을 집중하는 것이 좋다. 수업 혁신 운동 방식도 시대에 맞게 새롭고 유연하게 풀어갈 수 있으면 좋다. 일방적인 긴 강의보다는 15분 짧은 강의

---

20   한면선, '열린 교육 확산 과정의 문제점과 개선 방안', 덕성여대 교육대학원 석사학위논문

21   김위찬 외, "블루오션 시프트", 비즈니스북, 2017

• 최초로 새로운 운동 영역을 개척하라. 새로운 운동 영역이 아니라면 새로운 카테고리를 만들어라. 예컨대, 비주얼 씽킹(Visual thinking)에 처음 도전하면 좋겠지만 그렇지 않으면 비주얼 씽킹을 기반으로 새롭게 마인드 씽킹(Mind thinking) 등으로 새로운 카테고리를 만들면 좋다.

• 사람들의 머리 속에 기억할 수 있도록 노력해야 한다. 예컨대, 차별화된 수업 콘텐츠를 일반 교들에게 기억할 수 있도록 해야 한다.

-한 가지 수업 콘텐츠에 집중하라. 수업 개선을 위한 다양한 콘텐츠가 있지만 다양한 콘텐츠를 펼쳐 놓으면 집중력이 떨어져서 전문성을 쌓기에도 한계가 있다.

• 수업 혁신 콘텐츠는 시간이 지나면 자연스럽게 세부적으로 분화된다. 어느 정도 알려진 콘텐츠라면 세부화된 콘텐츠에 집중하는 것이 좋다. 예컨대, 수업 콘텐츠가 질문이 살아있는 수업'이라면 '질문이 살아있는 국어 수업'으로 집중하는 것이다.

• 성공한 수업 혁신 콘텐츠에 머무르지 말고 새로운 수업 혁신 콘텐츠를 지속적으로 개발해야 한다. 자기가 만든 콘텐츠로 이미 성공한 콘텐츠를 밀어내야 한다. 성공한 수업 혁신 콘텐츠에 머무르게 되면 운동도 결국 퇴보하게 된다. 새로운 수업 혁신 콘텐츠가 늘 성공하는 것이 아니다. 실패의 가능성을 늘 열어놓아야 한다. 대개 10개의 새로운 시도 중 1-2개 정도만 성공할 뿐이다.

• 정직하게 운동을 해야 한다. 만약 운동 과정에서 실수와 오류가 있었다면 모임 구성원들이나 대중에게 진심으로 사과를 하고 오류를 시정해야 한다. 실수는 누구나 할 수 있다. 그 다음에 어떻게 실수에 대하여 대처하느냐가 중요하다.

• 교육계에도 유행과 트랜드가 있다. 유행은 파도지만 트랜드는 도도한 흐름이다.

수업 혁신 운동은 유행에 너무 민감하게 반응할 필요는 없지만 트랜드는 따라가야 한다. 예컨대, 하브루타 수업 모형은 유행이 될 수 있지만 질문이 있는 교실은 트랜드 이다.

• 새로운 수업 혁신 콘텐츠를 개발할 때는 투자의 관점에서 사람과 예산을 우선적으로 집중되어야 한다. 콘텐츠 자체는 매우 의미 있는 수업 콘텐츠이지만 일반 교사들이 잘 몰라서 반응이 없는 경우가 있다. 이러한 경우, 미래 투자 차원에서 트랜드를 바라보고 중장기적으로 집중하여 연구하는 것이 필요하다.

와 자유로운 토론으로 풀어간다든지, SNS 등 새로운 매체 특성에 맞는 교육 운동 콘텐츠를 개발하는 것이다.

마케팅의 법칙은 기업을 위한 마케팅 전략으로 개발되었지만 사실 수업 혁신 운동의 전략을 세울 때도 큰 도움이 된다. 마케팅 관점[22]에서 수업 혁신 운동 전략을 바라보면 다음의 몇 가지를 기억하면 좋다.

• 이름 짓기(Naming)

운동을 시작할 때 이름 짓기(Naming)가 중요하다. 이름이 그 운동의 정체성을 드러내기 때문이다. 그런데 이름 짓기가 쉽지 않다. 너무 추상적이면 정체성이 모호해지고 너무 세부적이면 나중에 그 운동이 확장되면 이름과 운동이 논리적으로 충돌될 수 있기 때문이다.

수업 공동체 이름 짓기부터 살펴보자. 예컨대, 단체 이름이 '전국영

22   알리스 외, "마케팅 불변의 법칙", 비즈니스맵, 2008

어교사모임'이면 전국에 있는 영어교사들의 모임이라는 것을 드러낸다. 그러기에 영어과 교육에 관심이 있는 사람이라도 영어과 교사가 아니면 그 모임에 들어가기가 쉽지 않다. 심지어 영어 교사라도 초등학교 영어과 교사라면 그 모임에 들어가기가 쉽지 않다. 필자가 협동학습연구회를 처음 시작할 때도 이름 짓기가 쉽지 않아 많은 고민을 했었다. 원래 생각했던 이름은 '교수학습방법연구회'였는데, 너무 추상적인 것 같아 '협동학습연구회'로 정했다. 그런데 다른 후발 협동학습 관련 단체들이 생기면서 '협동학습연구회'라는 이름을 쓰게 되자 많은 사람들이 단체 이름을 혼동하게 되었다. 그래서 나중에 '한국협동학습연구회'라는 이름으로 바꾸었다. 시간이 지나자 협동학습 뿐 아니라 그 연구 영역이 넓어지면서 단체 이름과 연구 영역의 충돌이 발생하게 되어 어려움을 경험한 적이 있다.

무엇보다 수업 공동체 이름은 사람들의 이미지 형성에 큰 영향을 미친다. 그래서 부정적인 용어보다는 긍정적인 용어가 좋고, 구태 의연한 표현보다는 신선한 단어가 좋고, 다른 단체와 혼동을 줄 수 있는 이름은 피하는 것이 좋다. 최근에 필자가 '수업디자인연구소'라는 이름으로 새로운 운동을 시작했을 때도 이름 짓기로 많은 시간 동안 고민했다. '수업연구소'라고 이름 짓기를 하면 너무 추상적이게 되고 '질문수업연구소'라고 하면 신선하기는 하지만 앞으로 추진할 연구 영역이 축소된다. 개인적으로는 협동학습 운동을 하면서 일반 교사들에게 '수업 설계' 대신 '수업디자인'이란 단어 사용을 확산시켰기 때문에 이 단어에 대한 애착이 있었고, 수업은 과학이자 동시에 예술이기 때문에 두 가지 의미를 다 담을 수 있는 '디자인'이라는 단어가 좋았다.

단체 이름 뿐 아니라 수업 콘텐츠도 이름 짓기가 중요하다. 예컨대 기존에 많이 알려진 '매체 활용 수업'보다 '비주얼 씽킹 수업'이 좋고, 비주얼 씽킹 수업을 기반으로 새로운 아이디어를 첨가했다면 '마인드 씽킹 수업' 등으로 명명하는 것이 좋다. 콘텐츠 이름은 외국에서 영향을 받은 콘텐츠의 경우, 그대로 사용해도 좋고, 수업 혁신 운동가(리더)의 개인적 역량을 통해 만들어진 콘텐츠라면 콘텐츠 성격에 맞는 새로운 이름으로 작명하는 것이다. 이미 알려진 콘텐츠 이름을 그대로 사용하는 경우, 상대적으로 일반 교사들에게 그 운동을 알리는데 불리하다.

• 운동 진행 방식에서 빠지기 쉬운 오류들

'A가 정답이 아니기 때문에 정답은 B이다?'

교육 현실을 비판하는 것이 그 운동의 정당성을 입증하는 것이 아니다. 그런데 많은 사람들은 이러한 오류에 잘 빠진다. 예컨대, 일제 학습의 강의식 수업 방법은 교사 중심 수업 방식이고 여러 가지 문제점이 많으니까 학생 중심인 프로젝트 학습으로만 수업을 해야 한다고 누군가 주장한다고 하자. 일제 학습은 교사에 따라 학습 효과가 달라지고 학생 입장에서는 수동적이라는 점에서 한계가 있지만 반대로 장점들도 많다. 짧은 시간에 많은 내용을 전달할 수 있고, 어려운 내용을 쉽게 풀어줄 수 있고, 가장 경제적인 방법이라는 것이다. 강의식 수업로만 수업을 하는 것이 문제이지 강의식 수업 자체가 절대악은 아니다. 그리고 강의식 수업이 절대악이라고 가정해도 그 대안이 프로젝트 학습만이라고 주장할 수 없다. 왜냐하면 협동학습, 하브루타 수업 등 다양한 참여적 교수전략 등이 대안이 될 수 있기 때문이다. 그리고 프로젝트 학습만을 너무 강조하게 되면 학생들에게 편식하는 지적 습관을 기를 수 있고 기초 지식을 소홀히 할 수 있다. 이 같은 오류에 빠지게 되면 일반 교사들이 보기에는 총론에서는 동의할지 모르겠지만 각론에서는 동의하기가 힘들어지게 된다. 수업 혁신 운동의 정당성이 약화된다. A가 아니라면 B나 C나 D도 그 대안이 될 수 있다.

'A를 반대하는 것은 모두 B이다?'

흑백 논리의 전형적인 논리 구조이다. 즉, 내가 주장하는 논리를 반대하는 모든 사람은 악이라고 규정짓는 것이다. 최근 특정 이념에 기반한 교육 운동이 쇠퇴하게 된 이유가 이러한 자세에서 비롯되었다고 본다. 흑백 논리에 치우친 경직된 태도를 가지게 되면 그 운동은 다른 사람들에게 공감을 받기 힘들다.

각 수업 혁신 운동 단체에서 지향하는 가치 자체는 모두 의미가 있다. 다만 자기 운동 단체가 지향하는 가치만을 절대화하는 것은 무리가 있다. 특히 연대 운동을 할 때는 이 부분을 조심해야 한다. 자기 운동 단체가 지향하는 가치를 척도로 다른 운동 단체를 판단해서는 안 된다. 수업 혁신 운동을 하는 사람들 중에서는 '천상천하 유아독존'

전략을 사용하는 경우가 있다. 다른 사람들의 수업 혁신 운동성과를 폄하하고 자기 수업 혁신 운동의 성과를 최고라고 여기는 것이다. 이러한 자세는 해당 운동 단체 사람들 뿐 아니라 결국 일반 교사들에게 거부감을 불러일으키기 쉽다. 특히 수업 문제는 한 가지 요소로 설명하기 힘든 경우가 많다. 여러 가지 요소가 복합적으로 연결되어 있는 경우가 많기 때문에 복잡한 수업 문제를 단순화시켜 설명하면서 자기 운동 콘텐츠만이 유일한 해결 대안이라고 주장하는 것은 교사들에게 지속적으로 지지받을 수 없을 것이다.

'1등을 까라?'

후발 수업 혁신 운동 단체가 처음 시작할 때 자기 운동 단체의 존재감을 드러내고자 할 때 쉽게 사용하는 전략이 소위 '1등 까기 전략'이다. 일종의 네거티브 운동 전략이다. 그 분야에서 제일 잘 나가는 수업 혁신 운동 단체의 성과를 비판하면서 자기 단체의 운동 콘텐츠를 부각시키는 것이다. 그런데 이러한 네거티브 전략은 대중들의 인식 속에 자기 운동의 수업 콘텐츠를 각인하는데 효과적인 전략이기는 하지만 나중에 역풍을 받을 가능성이 높다. 비판의 대상이 된 사람들이 강하게 반발하여 갈등을 유발하게 되고, 나중에 자기 수업 혁신 운동의 우군(友軍)이 될 수 있는 사람들을 적군(敵軍)으로 바꾸어 되는 결과가 생긴다. 현재 우리 교육계를 살펴보면 자기 운동 콘텐츠를 강조하면서 다른 사람이나 운동 단체의 수업 콘텐츠를 의도적으로 강하게 비판하는 사람들이 있다. 그런데 결국 자기가 남을 비판한 방식으로 나중에 다른 사람들에 의해 동일하게 비판의 대상으로 전락하는 경우를 많이 보았다. 경영학적 관점에서는 효과적인 전략일 수 있겠지만 운동적 관점에서는 피해야 할 전략이다.

- **사명선언서 문제**

개인의 운동이 수업 공동체 운동으로 전환하고 운동 단체가 어느 정도 이상 규모와 조직 체계를 갖추게 되면 나중에 운동 단체 안에서 갈등이 일어나게 마련이다. 왜냐하면 운동 단체 참여자들의 생각과 가치관이 각기 다르기 때문이다. 이 때 필요한 것이 사명선언서이다. 사명 선언서는 운동 단체의 정체성을 명료화시킨 문장이다. 다음은 수업디자인연구소의 사명 선언서이다.

수업디자인연구소는

수업 혁신과 교사들의 수업 성장을 돕기 위해 (핵심 가치)

수업 관련 콘텐츠를 지속적으로 연구 개발하고 (연구 활동)

연수와 출판을 통해 콘텐츠를 확산하고 (확산 활동)

수업 전문가를 지속적으로 양성하고 수업공동체 운동을 지원한다.

(재생산 활동)

사명선언서에는 운동 단체가 지향하는 목적적 가치와 도구적 가

치가 구분되어 표현되어야 한다. 도구적인 가치를 목적적 가치로 삼으면 나중에 문제가 생긴다. 목적적 가치는 시대가 변해도 변하지 않는 가치이지만 도구적인 가치는 상황에 따라 바꿀 수 있는 가치이다. 그런데 도구적 가치를 목적으로 삼으면 나중에 상황이 변하면 목적을 포기해야 하는 모순적 상황이 발생하기 마련이다. 목적과 방법을 혼동해서는 안 된다.

사명선언서는 최고 리더 혼자서 결정하는 것이 아니다. 운동에 참여하고 있는 중간 리더들과 함께 치열하게 토론하면서 정리하여 전체 참여자들에게 동의를 구할 수 있어야 한다. 운동 단체의 개척 단계부터 사명선언서를 만들면 좋다. 그 사명선언서에 동의한 사람들을 중심으로 자연스럽게 모임이 구성되고 발전될 수 있기 때문이다. 사명선언서를 토대로 단체 운영의 세부 규칙인 단체 정관을 만들어야 한다. 그런데 대개 단체 안에 갈등이 일어날 때 사명선언서와 정관의 필요성을 느낀다. 사명선언서와 정관은 단체가 원활하게 진행될 때에는 별로 관심을 가지지 않지만 단체 내부 갈등이 생길 때는 꼭 필요하게 된다. 운동 단체가 가지고 있는 자원은 유한하기 때문에 운동 단체의 자원을 선택과 집중의 원리에 따라 활용해야 운동적인 성과를 거둘 수 있다. 그런데 어떤 운동 단체가 어디에 집중할 것인가는 참여자들마다 다를 수 있다. 그러므로 사명선언서 논의는 운동 단체의 비전과 사명을 분명하게 정리하는 자리이기 때문에 매우 중요한 것이다. 그래서 사명선언서는 짧은 시간 안에 적당히 넘기기보다 신중하게 토론

하면서 함께 만들어 가는 것이 좋다. 사명 선언서는 정기적으로 운동 단체 참여자들이 그 정신을 공유하고 이를 점검하고 수정 보완하는 것이 필요하다.

• 운동 단체의 진정성 문제

운동의 진정성이란 무엇인가? 진정성은 단체 차원과 개인 차원에서 바라볼 수 있다. 운동 단체의 방향(철학, 비전)대로 실제로 운동 단체가 활동하고 있는가에 대한 문제이다. 수업 혁신 운동 단체의 방향이 수업 혁신과 수업 성장이 목적이라면 그 목적에서 맞게 활동한다면 진정성이 있다고 할 수 있을 것이다. 그리고 운동 단체 회원 뿐 아니라 일반 교사를 대상으로 수업 혁신 운동을 전개하는 것이다. 그런데 이 목적에서 벗어난 행동들(권력, 승진, 돈 등)을 하거나 운동 단체 회원만을 위한 활동에 국한되었다면 문제가 있는 것이다. 이러한 경우, 내부적인 성찰과 반성의 과정을 통해 운동 단체로 거듭나야 한다.

개인 차원에서도 운동의 참여 동기가 순수한지 그 진정성을 확인해야 한다. 개인의 명예, 재산, 이익 등을 위해 운동 단체를 이용하지 않아야 한다. 리더가 사심(私心) 없는 섬김의 리더십을 가지고 있어야 해당 운동 단체는 발전할 수 있다. 대개 리더는 처음에는 순수한 동기로 시작하지만 시간이 지남에 따라 그 초심을 잃어버리는 경우가 종종 있다. 특히 운동 단체 리더는 독단적 의사결정을 하거나 운동 과정에서 발생하는 외적인 유혹을 종종 받는다. 자칫 리더가 운동의 기본 취지와 목적을 잃어버리면 수단적인 가치에 함몰하기 쉽다. 리더가 흔들리면 운동 단체의 방향이 흔들거리고 내부적 갈등이 심화될 수 있다. 그러므로 개인적 차원의 경우에는 끊임없는 자기 성찰과 동료 구성원의 피드백이 필요하고 단체적 차원의 경우에는 문제가 발생하지 않을 수 있도록 운동 단체 의사결정 방식과 체제, 구조를 구축하는 것이 필요하다.

• 운동 단체를 잘 마무리하기

운동 단체를 이끌어가는 것이 사명(mission)이다. 사명을 달성했다면 단체도 마무리해야 한다. 예컨대, 협동학습연구회라면 모든 교사들이 교실에서 협동학습을 잘 실천하고 있다면 더 이상 운동 단체가 존속할 필요가 사라진다는 것이다. 하지만 이러한 경우는 현실적으로 거의 없다. 왜냐하면 사명 자체가 현실적으로 완벽하게 도달하기 힘든 경우가 대부분이기 때문이다. 하지만 운동 단체가 추구하는 사명에 도달할 수 있는 역량이나 의지를 상실했거나 사명과 다른 동기가 현실적으로 단체를 이끌어가게 되었다면 이때는 단체를 해체해야 한다. 운동 단체의 시작도 중요하지만 잘 정리하는 것도 중요하다. 갈등을 잘 해결하면서 구조 조정을 잘하거나 서로가 앙금 없이 합리적으로 마무리하는 방안을 모색해야 한다.

2. 힘

- **힘을 긍정적으로 사용해야 한다.**

운동이란 다른 사람에게 좋은 영향력을 미치는 것이다. 수업 혁신 운동 단체의 힘은 수업과 관련한 대회, 컨퍼런스, 세미나, 토론회, 연수회, 집회, 아카데미, 정기 모임, 출판, 자료 개발 및 보급 등으로 표현된다. 즉, 운동 단체가 진행하는 각종 행사나 프로그램이 여기에 해당한다.

운동은 기본적으로 정치적인 행위이다. 좁은 의미에서의 정치는 국가 권력을 대상으로 하지만 넓은 의미에서의 정치는 다른 사람들에게 영향력을 미치는 것을 대상으로 한다. 힘 자체는 부정적인 것이 아니라 긍정적인 것이다. 다만 그 힘을 긍정적인 목적이나 공적인 가치를 위해 사용하면 좋은 결과를 얻을 것이고, 그 힘을 부정적인 목적이나 사적인 가치를 위해 사용하면 나쁜 결과를 초래할 것이다.

- **힘의 축적과 발산**

초창기 운동 단계에서는 개척자 리더가 등장해서 그를 중심으로 힘이 축적된다. 초창기에서는 리더 개인의 역량이 단체 역량에 절대적인 영향력을 미친다. 리더를 중심으로 주변에 사람들이 모이기 시작하면서 힘의 축적이 이루어진다. 힘이 어느 정도 쌓였을 때 그것을 발산하면 새로운 사람들이 더욱 모이기 시작한다. 이 과정을 반복하면서 점차 힘이 쌓이게 된다.

그런데 힘을 축적하기만 하고 발산시키지 못하면 그들만의 리그로 전락하기 쉽다. 소수 마니아 중심의 운동으로 국한되면서 그 영향력이 제한된다. 반대로 힘을 축적하지 못하고 발산만 한다면 쉽게 지치고 함께 하는 사람들도 점차 운동 단체에서 멀어지게 된다. 힘의 축적과 발산의 주기가 일정하게 이루어져야 운동 단체가 성장하고 발전할 수 있다.

운동 단체에서 힘을 발휘할 때는 전력투구를 해야 한다. 하고 싶은 사람만 매달려서는 성공하기 힘들다. 운동 단체가 가지고 있는 모든 에너지를 집중하여 원래 목표보다 초과 달성할 수 있도록 최선을 다해야 한다. 만약 그 일에 성공을 하면 엄청난 에너지가 생기게 되고, 그 에너지가 구성원들에게 개인 에너지로 전환된다. 반대로 그 일에 실패하면 부정적인 에너지와 좌절감이 발생하고 그것이 개인에게 부정적인 영향을 미친다. 이러한 실패가 반복되면 무기력 증세가 나타나서 나중에 운동 단체 자체의 존립 기반도 흔들리게 된다. 힘을 잘 사용하면 더 큰 힘을 얻을 수 있고, 반대로 힘을 잘못 사용하면 힘의 낭비로 인하여 운동 단체가 쇠퇴한다.

그런데 실패가 두려워 힘을 사용하지 않으면 근육이 퇴화된다. 어떤 운동 단체가 어떤 행사를 추진하는데 있어서 힘이 든다고 회피하면 그동안 축적했던 힘마저 사라져서 점차 영향력이 축소된다. 그래서 일을 두려워해서는 안 된다. 만약 운동 참여자들이 어떤 일을 추진하기 두려워한다면 다른 방식으로 그 문제를 해결해야 한다. 예컨대,

토론회를 진행하는데 행정적인 업무가 부담스럽다면 별도로 행정 간사를 채용하여 행정 업무를 전담하게 하고, 다른 단체나 기관과 연대하여 토론회를 진행하는 것이다. 운동의 힘은 성장하거나 쇠퇴할 뿐이다.

• 일을 합치고 힘을 나눌 것인가? 일을 나누고 힘은 합칠 것인가?

교육계에서 좋은 영향력을 지속적으로 끼치는 운동 단체와 그렇지 않은 운동 단체는 각기 나름대로의 이유가 있다. 쇠퇴하는 운동 단체는 일을 합치고 힘을 나눈다. 무임승차자와 일벌레가 나타난다. 어떤 일이 생기면 그 일에 모든 구성원들이 매달리게 하지만 역할 분담과 책임이 모호하여 일 추진의 효율성이 떨어진다. 그래서 결과적으로 실패하기 쉽고, 실패가 일어나도 그 이유에 대하여 충분히 성찰하지 않고 동일한 실수를 반복한다. 결국 좌절감에 빠지고 무기력 증세가 나타나면서 점차 와해된다.

반면 성장하는 운동 단체는 반대로 일을 나누고 힘을 합친다. 운동의 초창기 단계는 모든 구성원들이 그 일에 모두가 집중해야 하겠지만 매번 그러한 방식으로 일을 추진하게 되면 구성원들이 소진되고 만다. 그래서 역할 분담과 그에 따른 책임을 명료화하고 서로 협력할 수 있도록 해야 한다. 일이 반복되면 모든 구성원이 매달리지 않아도 그 일의 결과가 동등하게 이루어지게 된다. 초창기 단계에서 역할 분담과 책임을 규정하는 주체가 리더라면 안정 단계에서는 체제(시스템)이다.

3. 문화

• 문화의 중요성

운동 단체마다 고유의 독특한 조직 문화가 존재한다. 문화는 그 운동 단체의 역사와 깊은 관련이 있다. 문화는 운동 단체 구성원들의 정체성과 관계에 큰 영향을 미친다.

운동 단체마다 로고, 단체 노래, 깃발, 홈페이지, 티셔츠, 단체 회보, 행사 진행 방식, 엠티, 회식 문화 등이 다르다. 독특한 조직 문화가 발전할수록 운동 단체 구성원들의 결집력이 강하다. 대표적인 단체가 해병대전우회가 여기에 해당한다. 교육운동단체도 마찬가지이다.

어떤 교사 운동 단체는 단체 비전 중의 하나가 대안 학교 설립이었다. 이와 관련하여 회원이 해외 유학을 갔는데, 나머지 회원들이 그 회원의 유학비를 후원했다. 그 회원이 귀국하자 다른 회원이 다른 전공으로 해서 이어서 유학을 떠났고 동일한 방식으로 나머지 회원들이 유학비를 후원하였다. 결국 그 단체는 대안 학교를 설립하여 안정적으로 운영하고 있다.

어떤 교사 운동 단체는 정기 모임을 할 때마다 김밥으로 간단히 식사를 하고 모임을 시작한다. 하지만 어떤 교사 운동 단체는 모임 장소 근처 식당에서 함께 제대로 저녁 식사를 하고 나서 모임을 시작한다. 모임 시작 시간이 식사 시간에 맞추어져 있다. 식사를 배고픔을 해결하기 위한 수단으로 볼 것인가 교제와 즐거움의 공간으로 생각하는가에 따라 식사하는 방식이 달라진다. 어떤 교사 운동 단체는 모일 때마다 드레스 코드를 만들어 모임 참석 시 해당 의상을 입고 모임에 참여하기도 한다. 이러한 것들이 바로 운동 단체의 조직 문화이다.

그 운동 단체만의 독특한 문화가 발달할수록 운동 단체의 내부 결집도가 달라진다. 발전하는 운동 단체는 구성원들 간의 결집력이 강하고, 쇠퇴하는 운동 단체는 그러하지 못하다. 그러므로 리더는 자기 운동 단체만의 독특한 문화 형성에 대하여 고민하고 좋은 문화를 만들 수 있도록 노력해야 한다. 결집력이 약하면 개인의 부담은 적으나 운동 단체가 유지되기 힘들고, 반대로 결집력이 강하면 개인의 부담은 커지고 운동 단체는 강력한 힘을 발휘할 수 있다.

최근 운동 단체는 전통적인 거대 조직 방식보다는 네트워크 조직이나 온라인 조직 형태로 운영되는 경우가 많다. 조직 자체를 키우기보다 작은 조직이 네트워크로 연결되거나 개인이 온라인으로 연결되는 형태로 운영하는 것인데, 이 경우, 개인의 자율성을 최대한 존중하면서 연대의 힘을 발휘할 수 있다.

• 'MT에 참여하지 않으면 우리 회원이 아니다!'

필자가 협동학습연구회 시절 자주 사용했던 표현이다. 단체 특성상 연구 모임에는 참여율이 높았으나 회원들 간의 친목을 다지는 MT에는 참석률은 그리 높지 않았다. 특히 신입 회원들 입장에서는 MT에 참여하는 것이 서먹하게 느껴질 수 있었기 때문이라고 생각한다. 그런데 한 가지 재미있는 사실은 MT에 참여했던 신입 회원들은 상대적으로 모임에 오랫동안 남아 함께 활동을 했지만 바쁘다는 이유로 MT에 참여하지 않았던 신입 회원들은 결국 1년 뒤에 모임을 그만두는 경우가 많았다. 그래서 만들어진 표현이었다.

어떤 운동 단체는 월 1회 정기 모임을 가지지만 모일 때마다 1박 2일로 모인다. 연구 활동만 하는 것이 아니라 함께 먹고 자면서 끈끈함을 다지는 것이다. 매 정기모임마다 MT 형식으로 모이는 것이다. 현재 그 단체는 잘 발전하면서 교육계에 큰 영향력을 미치고 있다.

어떤 운동 단체는 참여자들의 참가 목표는 분명하지만 구성원들 간의 친밀성이 깊지 않은 경우가 있다. 이 경우, 초창기 단계에서는 큰 문제가 드러나지 않지만 어느 정도 안정이 되거나 발전이 이루어지면 필연적으로 내부 갈등이 생긴다. 상호 간의 긴밀한 친밀성이 없는 상태에서 내부 갈등은 운동 단체의 파멸을 의미한다. 철학과 가치만을 강조하고 구성원들의 관계를 소홀히 하면 필연적으로 망한다. 왜냐하면 사람마다 추구하는 가치와 방향은 조금씩 다르기 때문이다. 어떤 운동 단체의 가치를 단일한 하나의 가치로 만든다는 것은 독재적인 위계 조직이나 가능한 것이다.

• 시간이 없다는 말은 거짓말이다!

필자가 모임에 참여해 보면 어떤 사람들은 시간이 없어서 참여를 하지 못하겠다고 이야기한다. 사실 시간이 없다는 것은 거짓말이다. 왜냐하면 누구에게나 하루는 동일하게 24시간이 주어져 있기 때문이다. '시간이 없어서 모임에 나오지 못했다.'는 말은 '그 모임이 다른 일정에 비해 나에게는 별로 우선순위가 높지 않아요.'라는 의미이다. 그 모임을 소중하게 생각하면 특별한 사정이 생겨도 잠시 얼굴을 비추려고 하고, 거리가 멀면 늦게라도 참석한다. 리더들은 대부분 바쁘게 살아간다. 결코 개인적인 시간이 여유롭게 남아서 운동 단체 활동에 참여하는 것이 아니다. 대개 시간이 많이 남아도는 사람은 능력도 적은 경우가 많다. 능력이 많을수록 바쁘게 살아간다.

• 돈이 있는 곳에 마음이 있다!

어떤 교사 운동 단체는 회비로 모임 관련 예산을 충당하는데, 일반 회원은 월 1만원, 전문 회원은 월 5만원이다. 전문 회원은 일반회원들에 비해 회비를 많이 내지만 반대로 혜택도 그만큼 크다. 전문 회원들은 운동 단체 주관 행사 참여비가 무료이다. 운동 단체 입장에서는 회비를 안정적으로 받아서 운영할 수 있고, 전문회원들의 소속감을 높일 수 있어서 좋다. 전문회원 입장에서는 무료로 모든 행사에 참여할 수 있고, 운동 단체 활동에 크게 기여할 수 있다.

또 다른 교사 운동 단체는 입회비가 100만원이다. 그 예산을 가지고 전체 운동 단체 활동을 진행한다. 회원들의 소속감과 애정은 매우 높다. 많은 사람들이 이 단체에 신청을 하고 있는데, 오히려 단체 차원에서 회원 가입을 잠정적으로 중단했다. 양적 확대에 따른 질적 저하를 막기 위한 조치이다. 물론 예산 운영 결과를 투명하게 공개한다.

필자는 몇 년 전 1년 과정 아카데미를 진행한 적이 있는데, 당시 1년 운영 경비가 1인당 50만원이었다. 참여자들의 부담감을 줄이기 위해 단체 예산 지원을 받아 개인 분담금을 10만원으로 줄였다. 그런데, 1년 과정 졸업자가 30%밖에 되지 않았다. 그 결과를 토대로 다음 아카데미에서는 별도의 예산 지원 없이 50만원을 그대로 받았다. 1년이 지난 뒤 아카데미 수료율은 80% 이상이었다. 성경에서 말한 대로 돈이 있는 곳에 마음이 있다는 것을 잊어서는 안 된다.

• 다양한 울타리가 공존해야 한다.

운동 단체 안에는 다양한 울타리가 공존해야 안정적으로 운영할 수 있다. 준회원, 평회원, 중간 리더, 최고 리더 등 등급에 따라 요구되는 책임과 권리가 달라야 한다. 운동 단체에 참여하길 원하는 사람들은 자기 의사에 따라 각 등급에 맞는 참여를 할 수 있어야 한다.

운동 단체의 취지에 동의하지만 편안하게 참여하기를 원하면 준회원(자료 회원) 등급에서 활동할 수 있고 정식 회원으로서 운동 단체 활동에 참여하기를 희망한다면 정회원으로 활동하도록 하는 것이다. 최고 의사결정 과정에 참여하고 의미 있는 성과를 내기를 원한다면 중간 리더나 최고 리더 수준 등급에서 활동할 수 있어야 한다. 그런데 모든 회원들에게 중간 리더 수준 이상의 헌신을 요구하면 많은 사람들이 운동 단체 중심으로 들어가기를 불편하게 생각할 수 있다. 반대로 회원들에게 낮은 헌신을 요구하면 운동 단체가 영향력을 발휘하는데 한계가 있게 된다. 그래서 어느 정도 운동 단체의 규모가 커지면 그에 맞는 정관을 만들어 그에 따라 이를 규정하여 운영하는 것이 좋다. 이때 권리와 의무를 비례의 원칙에 따라 규정하는 것이 필요하다. 의무가 크지만 권리가 적으면 회원들의 불만이 생길 것이고, 반대로 권리는 크지만 상대적으로 의무가 적으면 회원 개인들의 이해관계로 인한 갈등으로 인하여 운동 단체가 흔들릴 것이다.

개인의 발전과 단체의 발전이 연결되어야만 건강한 운동 단체이다. 개인은 발전했지만 단체가 발전하지 못했다면 개인이 자기 이해관계에 따라 단체를 이용한 것이다. 특히 리더가 이러한 실수에 빠지기 쉽다. 개인은 발전하지 못했는데, 단체가 발전했다면 단체가 개인을 이용한 것이다. 이 경우, 나중에 개인이 더 이상 버티지 못하고 단체를 탈퇴하는 일이 생겨서 결국 운동 단체의 힘도 크게 약화된다.

• 운동 단체도 유기체와 같다!

대개 유기체는 생성, 성장, 발전, 유지, 절정, 쇠퇴의 단계를 거치듯이 운동 단체도 마찬가지이다. 운동 단체 발달 단계에 따라 그에 맞는 미션 과제가 다르다. 생성(개척) 단계는 생존이 1차 목표겠지만 성장, 발전 단계는 운동의 에너지를 모으고 분출하는 것이다. 유지 단계에서는 갈등을 잘 극복하고 조직이 가지고 있는 힘을 어느 정도 유지할 수 있도록 하는 것이다. 절정 단계는 운동 에너지를 극대화하면서 동시에 조직을 재생산하여 양적, 질적 확대를 이루는 것이다. 쇠퇴 단계에서는 내부의 치열한 혁신 과정을 통해 조직을 부흥시키고, 만약 혁신 과정이 잘 이루어지지 않으면 쇠퇴의 흐름을 인정하고 아름다운 소멸을 준비해야 한다. 운동 단체의 발달 단계에 따라 그에 맞는 미션 과제를 잘 수행해야 지속적으로 발전할 수 있다.

- **운동의 성격과 발전 단계에 따라 운동 조직 구성을 해야 한다.**

단체의 성격상 단일 운동 단체인가, 연합 단체인가, 연대 단체인가에 따라 최고 의사결정 과정이 달라진다. 운동 조직이 1개 모임인가 여러 개의 지역 모임이 존재하는가에 따라 조직 규모와 최고 의사결정과정이 달라질 것이다. 단체 성격에 따라 단일한 회원들의 의사를 모아 결정하는 조직일수도 있고 회원 단체별 의사를 모아 최종 의사결정을 하는 연합 내지 연대 조직일 수 있고, 공동의 자원을 공유하고 의사결정과 사업은 각자 진행하는 플랫 홈 조직일 수 있다. 각 조직 형태에 따라 장단점이 있기 때문에 단체의 성격에 따라 그에 맞는 의사결정 체계를 갖추는 것이 필요하다.

운동 단체마다 조직 구성도를 살펴보면 이사회, 운영위원회, 사무행정국, 각종 위원회 내지 지역 모임 등이 있다. 각 조직 단위의 성격에 따라 그 역할을 구분하는 것이 필요하다. 예전에 필자가 참여했던 운동 단체에서는 최고 의사결정을 하는 조직이 이사회였는데, 구성원들이 '이사회'라는 단어가 주는 심리적인 부담감 때문에 '비전위원회'라는 다른 이름으로 명명했던 적이 있었다. 그때는 큰 문제가 없었지만 나중에 시간이 흐른 뒤 문제가 발생하였다. 신입 회원들이 비전위원회 역할과 기능을 잘 이해하지 못하여 비전위원회 의사결정에 대하여 반발하여 단체 안에서 내부 갈등이 일어나서 모두가 힘들었던 적이 있었다. 그때 깨달았던 것은 역할과 이름이 동일해야 한다는 것이다. 그래야 나중에 시간이 흘러도 갈등이 발생하지 않는다는 것이다.

4. 재생산
• 수업 공동체 운동 단체의 생애 단계

일반적으로 수업 공동체 운동 단체는 유기체와 같아서 생성, 발전, 유지, 혁신(도약), 쇠퇴의 과정을 경험한다. 내부에서 지속적인 혁신이 가능하면 수업 공동체의 생명력이 길어지겠지만 그렇지 않으면 오랫동안 지속되기 힘들다. 특히 수업 공동체는 교사의 수업 성장을 기반으로 운영되는 공동체인데, 이러한 필요가 수업 공동체 활동을 통해 온전히 채워지지 않으면 자연스럽게 쇠퇴의 길을 걷게 된다.

대개 특정 개인의 열정을 바탕으로 수업 혁신 운동이 시작되는 경우가 많다. 수업 성장에 관심이 많은 어떤 교사가 자기 수업을 잘하기

위해 노력하다가 특정한 수업 담론이나 관심사 등에 몰입한다. 아마추어 단계로 시작하는데 자기 수업을 잘하기 위해 연구하고 실천하면서 그 과정에서 즐거움을 경험한다. 수업이 바뀌면서 학생들이 좋아하고 수업 분위기도 좋아지게 되면서 더욱 열심히 활동하게 된다. 일정한 시간이 지나면 자기 수업 콘텐츠에 대한 전문성이 쌓이게 되고 주변에도 그 성과가 알려지게 된다. 그러면서 외부 강의 및 집필 등을 통해 실천 경험이 공유되면서 주변에 관심 있는 교사들이 모이게 된다. 혼자서는 수업 성장의 한계가 있기 때문에 대개 수업 혁신 운동가를 중심으로 자연스럽게 학교 안 수업 공동체로 발전하게 된다. 처음에는 수업 혁신 운동가(리더)의 역량에 따라 수업 운동 단체 역량이 많은 영향을 받게 되지만 시간이 지남에 따라 수업 운동 단체 구성원들도 역량이 신장되면서 운동 단체가 예전보다 탄탄하게 발전하게 된다. 학교 안 수업 공동체의 한계에 부딪히게 되면서 학교 밖에서 그 대안을 찾게 되면서 자연스럽게 학교 밖 수업 공동체를 조직하고 운영하게 된다. 학교 밖 수업 공동체로 전환되면 자연스럽게 수업 혁신 운동 단체 단계로 발전한다. 운동 단체의 생성 단계는 허니문 시간이 나타난다. 새로운 교사들이 모이고 함께 수업을 연구하고 실천하고 그 성과를 공유하고 피드백한다. 그 과정에서 구성원들의 전문성이 신장된다. 발전 단계에서는 새로운 콘텐츠가 계속해서 개발되고 새로운 구성원들이 참여하게 된다. 일부 구성원들은 개인적인 사정으로 인하여 빠져 나가지만 대신 새로운 구성원들이 지속적으로 합류하면서 자연스럽게 모임이 질적으로나 양적으로나 성장한다. 수업 운동 단체의 성과물은 연수 등으로 주변에 알려지게 되고 이를 통해 새로운 구성원들이 참여하게 된다. 모임 형태도 한 가지 주제나 콘텐츠를 나누게 되지만 시간이 지남에 따라 구성원들의 관심사에 따라 자연스럽게 영역도 확대되면서 모임 운영 형태로 세부화 된다. 그러다가 일정 시간이 지나게 되면 유지 단계로 전환된다. 이때는 새로운 구성원 참여가 잘 이루어지지 않게 되고 기존 구성원 중심으로 모임이 운영된다. 초창기 수업 혁신 운동가(개척 리더)의 리더십 한계가 나타나기 시작하고 이를 극복하기 위해 구성원 중에 차기 리더가 세워지게 된다. 그런데 차기 리더가 개척 리더 만큼이나 그 이상의 리더십을 발휘하면 수업 공동체가 혁신 단계로 접어들면서 한 단계 질적, 양적 성장을 경험하게 된다. 하지만 개척 리더가 개인적인 이유로 그만두거나 개인적인 역량이나 도덕적인 문제점으로 인하여 그 리더십을 제대로 발휘하지 못하게 되고, 개척 리더를 대신할 만한 역량이 있는 차기 리더가 등장하지 않으면 자연스럽게 수업 공동체는 운동의 쇠퇴 단계로 접어들게 된다. 새로운 구성원들이 참여해도 자기의 필요를 온전히 채울 수 없다는 것을 알게 되면 자연스럽게 모임에 나오지 않게 되고, 기존 구성원도 자신의 필요를 채울 수 있는 다른 수업 공동체로 이동하거나 개인적인 사유로 인하여 더 이상 모임에 나가지 못하게 된다. 그러므로 개척 리더는 역량 있는 차기 리더를 세우거나 수업 공동체 운영 방식을 집단 지성 중심으로 운영할 수 있도록 구조화해야 한다. 그래야 개척 리더가 없어도 수업 공동체가 지속적으로 발전할 수 있기 때문이다.

• 차기 리더 세우기의 중요성

운동 단체의 영향력은 최고 리더의 역량에 비례한다. 대개 운동 단체는 리더의 역량만큼 성장하지만 리더의 한계만큼 더 이상 발전하지 못하는 경우가 많다. 그러므로 적절한 시기에 차기 리더십을 잘 세워야 한다. 운동 단체가 어느 정도 안정을 이루게 되면 그 다음 과제는 리더십을 잘 이행할 수 있는 구조를 만드는 것이다. 훌륭한 개인이 어떤 운동 단체를 시작하는데 있어서 큰 역할을 수행하지만 특정 개인이 오랜 시간 동안 지속적으로 리더의 위치에 설 수는 없다. 특정 개인에 의존한 운동 단체는 그 개인이 그만두거나 유고 시 그 운동 단체의 영향력도 함께 줄어들 수밖에 없다. 그러므로 최고 리더는 훌륭한 차기 리더를 발굴하고 훈련시켜야 한다. 그래서 검증된 차기 리더에게 리더십을 이양해야 지속적으로 운동을 전개할 수 있다.

역사가 오래된 운동 단체가 그 역사만큼 운동적 영향력이 큰 것은 아니다. 오랜 역사를 자랑하지만 그 영향력을 발휘하지 못한 운동 단체의 공통점은 역량 있는 차기 리더십을 재생산하지 못했다는 것이다. 좋은 사람들이 차기 리더로 세워져야 운동의 지속성을 유지할 수 있다. 그런데 좋은 사람들은 어느 날 갑자기 생기는 것이 아니라 긴 시간 동안 훈련되어서 세워지는 경우가 많다. 적절한 시기에 리더십 교체가 이루어지지 않으면 시대의 흐름을 놓치기 쉽고, 기존 리더와 차기 리더 그룹 간의 갈등이 일어나기 마련이다.

• 차기 리더 양성 프로그램

필자가 참여하는 교육 운동 단체가 조직 규모가 커지고 회원들이 많아지게 되면서 지역 모임마다 성격이 달라 운동의 정체성이 문제가 된 적이 있었다. 동일한 운동 단체인데, 지역 모임마다 모임의 내용과 방향이 달라서 혼란이 발생했다. 짧은 시간 안에 조직 규모가 커지다 보니 충분히 훈련되지 않은 상태에서 차기 리더를 성급하게 세워서 벌어진 일이었다. 그래서 운동 단체 차원에서 차기 리더 양성 프로그램을 만들어 운영하였다. 1년 과정으로 월 1회 정기적으로 모여서 공부했고, 방학마다 4박 5일 차기 리더 연수를 진행하였다. 그런데 차기 리더 양성 과정을 만들 때 일부 회원들은 반대했다. 자연스럽게 리더를 세우는 것이 좋지만 의도적으로 차기 리더 연수 프로그램을 통해 리더를 양성하는 것 자체에 대한 심리적인 거부감이 있었기 때문이었다. 그래서 전국 임원단 차원에서 반대하는 회원들을 대상으로 차기 리더 양성 과정을 이수한 사람만 리더가 되는 것이 아니라고 설득하였다. 오해가 풀리고 시간이 지나자 차기 리더 양성 과정을 이수한 사람들이 자연스럽게 지역 모임 리더(중간 리더)가 되면서 모임이 안정을 찾기 시작했고, 모임의 정체성이 분명해지고 결집력이 강화되어 모임의 위기를 극복하여 한층 더 안정적인 활동을 전개할 수 있게 되었다. 차기 리더 양성 연수는 단체 차원에서 적극 투자해야 하고, 단체 차원에서 차기 리더들에게 그에 맞는 헌신과 전문성을 요구할 수 있어야 한다.

• 단계별 리더십 양성 과정 및 회원 제도

리더는 하루아침에 세워지는 것이 아니다. 운동 단체의 성격에 따라 성장 과정을 세부화하고 그에 맞는 리더십 양성 과정과 회원 제도를 만들어야 한다.

필자가 참여했던 협동학습연구회는 회원제도가 준회원-정회원-전문회원 3단계 구조로 회원 제도를 운영하고 있다. 협동학습 기본과정 세미나에 참여하면서 준회원으로 지역 모임에 나갈 수 있게 된다. 준회원 단계에서는 회비를 내고 활동하지만 의사결정 과정에는 참여할 수 없다. 새내기 회원이 준회원으로 모임에 출석하게 되면 지역 모임에서는 새내기 모임을 통해 별도로 새내기 교육과정에 따라 협동학습의 기초를 다질 수 있도록 한다. 1년 새내기 과정을 성실하게 이행하면 회원 심사 과정을 통해 정회원으로 등급을 올린다. 정회원이 되면 그에 따른 권리와 의무를 가지게 되고 기존 정회원들과 함께 연구 활동에 참여하게 된다. 정회원이 되고 나서 1년 정도 흐르면 심화과정 세미나에 참여할 수 있게 된다. 심화과정 세미나를 이수하고 나서 지역 모임에 활동하면서 연구회 주관 행사 행정 도우미로 참여한다. 행정 도우미는 행정적인 지원 활동을 하는 것으로 노력한 만큼 그 결과가 잘 드러나지 않는 자리이다. 정회원이 된지 2-3년 이상 꾸준히 활동하게 되면 전문과정 세미나에 참여할 기회가 생긴다. 전문과정 세미나를 이수하면 연수 강사로 활동할 수 있게 되고, 각종 연구 프로젝트 리더나 지역 모임의 대표로 설 수 있게 된다.

이러한 회원 제도가 자리 잡게 된 이유가 있었다. 기본과정 세미나 이후 많은 새내기 회원들이 들어왔지만 1년이 지난 후 지속적으로 남아있는 회원들은 그리 많지 않았다. 그러다보니 기존 정회원들도 흔들리는 경우가 생겼다. 훈련받지 않은 사람이 강사나 프로젝트 리더가 되는 경우가 발생하다보니 강의나 프로젝트 결과물 수준이 상대적으로 떨어져서 개인만 문제가 되는 것이 아니라 단체도 함께 문제가 되는 일이 발생했다. 역량이 많은 새내기 회원이 바로 강사로 서게 되자 기존 정회원들이 불만을 드러내 모임 내부에서 갈등이 발생했다. 철학이 다른 사람을 모임의 리더로 세웠더니 모임의 정체성이 문제가 되기도 했다. 단계별 리더 양성 과정이 확립되자 그와 같은 문제점들이 사라지게 되고 각종 모임도 안정화되었다.

• 개척 리더는 어떻게 성장하는가?

리더는 대개 아마추어로 시작한다. 아마추어는 역량은 부족하지만 순수한 열정으로 그 목표에 파고든다. 아마추어는 어떠한 성과를 바라보고 시작하는 것이 아니라 그 일이 자기 마음속에서 열정을 불러일으키기 때문에 시작한다. 사람마다 마음 속 깊은 곳에서 뜨거워지는 영역이 있다. 사람마다 자기 관심사에 따라 그 열정도 달라진다. 어떤 교육운동가는 교육 정책을 바라보면 마음이 뜨거워지지만 어떤 교육 운동가는 교육 정책에 대한 별다른 감흥이 없고 무관심하다.

열정을 가지고 한 분야에 집중하면 전문성이 생긴다. 남들이 가지지 못한 안목과 역량이 생긴다. 많은 사람들이 전문성을 가지지 못하는 이유는 해당 분야에 대한 관심은 있으나 오랜 시간 동안 그 분야에 집중하지 못하기 때문이다. 뜻을 같이 하는 사람들과 함께 운동을 추진하면서 운동 단체의 규모가 커지게 되지만 반대로 자기 관심사에만 매몰하고 다른 사람들과 함께 일하는 방법을 잘 모르면 소수 마니아 모임으로 국한된다. 운동 단체의 규모가 커질수록 그에 맞는 리더십을 이해하고 자신을 변화시키면 리더 개인도 발전하고 운동 단체로 발전할 수 있다. 하지만 운동 단체의 변화에 따라 리더십을 변화하지 못하고 자기 철학과 스타일만 고집하면 리더 개인 역량의 한계만큼만 운동 단체가 발전하고 그 이후 정체 내지 쇠퇴의 길로 걷게 된다.

특출난 리더는 다른 리더에 비해 역량이 많다는 것이지 단점이 없는 것은 아니다. 인성이 부족해도 전문적 역량이 뛰어나면 특출난 리더가 될 수 있다. 필자는 어느 정도 거리를 두고 바라볼 때는 대단한 리더이지만 가깝게 지내다보면 그 리더로 인하여 많은 마음의 상처를 입게 되는 경우를 많이 보아왔다. 리더가 가지고 있는 역량과 인성을 비례적으로 이해하면 안 된다. 역량이 뛰어날수록 주변 사람들에게 상처를 많이 줄 수 있다는 것을 염두해 두어야 한다.

그에 비해서 훌륭한 리더는 뛰어난 역량만큼 그에 맞는 훌륭한 인성을 가지고 있다. 그런데 특출한 리더는 가끔 찾아볼 수 있으나 훌륭한 리더는 거의 찾아보기 힘들다. 리더가 되고 싶은 사람은 특출한 리더를 넘어 훌륭한 리더가 될 수 있도록 끊임없이 성찰의 과정을 통해 자신을 단련시킬 수 있어야 한다. 훌륭한 리더는 공동체 활동을 통해 세워지게 된다.

• 어떤 사람을 차기 리더로 세워야 하는가?

차기 리더 양성은 책을 읽고 특정 연수과정을 이수했다고 자동적으로 이루어지는 것은 아니다. 다양한 경험과 고난의 과정을 통해 성숙되어 간다. 대개 사람들은 자기가 경험한 세계로 경험하지 않는 세계도 바라보고자 하는 경향이 있다. 자기 경험 세계를 뛰어넘으려면 다양한 경험을 통해 자기 안목을 넓혀갈 수 있어야 한다. 자기가 좋아하는 것만 하는 것이 아니라 싫어하는 것도 필요하면 할 수 있도록 해야 한다.

좋은 리더는 좋은 팔로워(Follower, 추종자) 과정을 통해 세워진다. 팔로워 시절에는 불량한 자세를 가진 사람이 훌륭한 리더로 성장한 경우는 드물다. 고집이 세거나 독특한 팔로워는 좋은 리더 아래에서 성장하지 않고 자기가 직접 리더가 되어서 생고생을 하면서 리더십을 연마한다. 리더십(Leadership) 못지 않게 중요한 것이 팔로우십(Followership)이다. 팔로워 과정 없이 리더로 세워지지 않는다.

차기 리더를 세울 때 다음 조건들을 유념해야 한다. 첫째, 차기 리더의 참여 동기를 잘 살펴야 한다. 운동 단체에 열심히 참여하게 된 이유와 원동력이 무엇이냐 중요하다. 개인의 이익이 아니라 전체의 공동 이익을 우선하는 사람을 리더로 세워야 한다. 권력(승진)이나 재정,

명예 등에 관심이 있는 사람이 리더가 되면 운동 단체가 흔들리게 된다. 둘째, 리더 역량은 부족하지만 리더를 하고 싶은 사람들에게 절대 리더십을 이양해서는 안 된다. 리더 역량이 부족한 사람이 단체 최고 리더가 되면 단체 역량도 함께 줄어드는 경우가 많기 때문이다. 무능한 리더는 운동 단체의 역량을 축소시킨다. 그런데 반대로 역량이 많은 사람을 리더로 세우지 않으면 나중에 운동 단체의 불만 세력이 되거나 운동 단체 자체를 탈퇴하는 경우가 많다. 역량만큼 리더십의 역할을 세우는 것이 가장 바람직하다. 셋째, 리더의 인성을 잘 검증해야 한다. 대접받기를 좋아하지만 다른 사람을 위해 배려할 줄 모르는 사람이 리더가 되면 운동 단체 안에 필연적으로 내부 갈등이 발생한다. 지배의 리더십이 아니라 섬김의 리더십을 가진 사람을 리더로 세워야 한다. 수업 혁신 운동 리더는 전문성 역량과 인성이 모두 갖춘 사람이 되어야 한다. 인성이 부족하지만 역량이 뛰어난 리더는 내부 갈등을 일으키기 쉽고, 인성은 좋으나 역량이 부족한 리더는 무능한 단체로 만들기 쉽다.

그래서 리더를 하고 싶은 사람을 리더로 세우기보다 자신은 하고 싶지 않더라도 준비된 사람을 리더로 세워야 운동 단체가 안정되고 발전할 수 있다. 특히 전문성을 지향하는 교육 전문 운동은 전문성과 인성 모두가 검증된 사람을 리더로 세워야 한다.

차기 리더를 검증할 때는 그 리더와 함께 일해 본 주변 사람들의 이야기를 통해 확인해볼 수 있다. 이렇게 하면 차기 리더를 다양한 관점에 객관적으로 평가할 수 있다.

　기존 리더는 차기 리더가 세워지면 일정 기간 리더십 이양 과정을 거쳐서 리더십을 차기 리더에게 완전히 넘겨야 한다. 기존 리더가 상왕(上王)처럼 비선 실세 역할을 해서는 안 된다. 공식적인 의사 결정이 이루어지지 않으면 구성원들은 혼란을 경험하게 되고 운동 단체에 대한 신뢰성을 잃어버리게 된다.

・ **단체 발달 단계에 따라 그에 맞는 리더십 유형이 있다.**

　단체 발달 단계에 맞는 리더십 유형의 특징을 이해하고 그에 맞는 사람을 리더로 세워야 한다. 개척 단계에서는 개척자 리더십이 필요하다. 앞뒤 가리지 않고 뛰어들어 어느 정도의 성과를 드러낼 수 있어야 한다. 확대 단계에서는 경영자 리더십이 필요하다. 운동의 전략을 지혜롭게 세우고 함께 하는 사람들의 특성을 잘 파악하여 적재적소(適材適所)에서 자기 역할을 수행할 수 있도록 해야 한다. 유지 단계에서는 관리자 리더십이 필요하다. 내부의 갈등을 조절하고 규모에 맞는 기능을 수행할 수 있도록 하는 것이다. 정체 내지 쇠퇴 단계에 이르게 되면 혁신가 리더십이 필요하다. 새로운 관점에서 운동을 다시 바라보고 재구조화할 수 있도록 하는 것이다.

그런데 한 개인의 입장에서 바라보면 개척자 리더십을 가지고 있는 사람이 확대 단계 내지 유지 단계에 이르게 되면 자기 리더십 유형과 운동 단체가 요구하는 리더십 유형이 다를 수 있다. 그렇게 되면 처음에 박수를 받았던 리더가 나중에는 지탄의 대상이 될 수 있다. 이러한 문제점을 극복하려면 리더 자신이 성찰의 과정을 통해 운동 단체의 발달 단계에 따라 자신의 리더십 유형을 바꾸는 것이 필요하다. 자신의 리더십을 바꾸기 쉽지 않으면 그에 적합한 차기 리더를 리더로 세우는 것이 필요하다. 특출난 창업자 리더의 경우, 후속 리더 자리를 현실적으로 채우기 힘들다. 그렇다고 그 리더가 리더십을 지속하면 현상 유지는 가능하지만 그 이상 발전하기는 힘들다. 이러한 경우는 집단 지도 체제로 운동 단체의 최고 의사 결정 체제를 바꾸는 것이 필요하다. 집단 지성을 통해 의사 결정을 하도록 하는 것이다. 만약 집단 지도 체제가 힘들다고 판단되면 운동의 영역을 세분화하여 여러 개의 운동 단체로 분화시키면 좋다. 그래야 개인의 역량도 살리고 단체의 역량도 살릴 수 있다.

- **리더는 항상 돈을 생각해야 하지만 동시에 돈을 멀리해야 한다.**

리더는 단체의 예산 상황을 상시 파악하고 그에 맞게 사용할 수 있어야 한다. 리더는 지출만 생각할 것이 아니라 수입도 생각해야 한다. 수입 구조가 열악하다면 수입 구조를 창출해야 한다. 교육운동단체가 사단법인이라면 사원(회원)을 늘려서 회비 수익을 안정적으로 확보해야 한다. 대개 운동 단체 리더는 운동의 목적과 취지는 잘 이야기해도 단체 예산 운영과 관련한 이야기는 꺼려한다. 운동을 하려면 그에 맞는 재정이 필요하다. 어떤 일을 하던 간에 돈이 필요하다. 돈에 맞추어 일을 하면 할 수 있는 일이 제한적이다. 성숙한 리더는 일의 필요성을 말하고 그 일에 맞는 예산을 다양한 방법으로 펀딩한다. 운동 단체 리더가 꼭 해야 할 역할 중 하나는 운동 단체에 필요한 예산을 만들어내는 것이다. 미숙한 리더는 예산 지출만 하고 수입을 창출하지 못한다. 성숙한 리더는 투명한 예산 지출을 넘어서 지속적으로 예산 수입을 늘일 수 있는 방안을 만들어내야 한다. 비영리 단체의 컨설팅 핵심도 수입 창출이다. 대부분의 비영리단체들은 하고 싶은 일은 많은 데 그에 맞는 소요 예산을 만들어내지 못한다는 것이다.

리더는 예산 펀딩(funding) 능력을 필수적으로 가져야 하지만 돈에 대한 욕심을 가져서는 안 된다. 필자는 오랫동안 교육 운동에 참여하면서 많은 리더들이 돈과 권력에 빠져서 그 리더십이 무너지는 과정을 많이 보아왔다. 다른 운동 영역과는 달리 수업 혁신 운동의 경우에는 리더에게 돈과 관련한 유혹이 주변에 많이 생기게 된다. 운동을 열심히 하다가 자연스럽게 돈이 생기는 것은 바람직하다. 하지만 어느 순간 리더가 돈이 되는 일에만 집중하고 돈이 되지 않는 일을 기피하게 될 수 있다. 경영 능력이 뛰어난 리더라도 돈과 권력의 유혹에 빠지게 되면 리더 개인의 도덕성만 깨지는 것이 아니라 운동 단체의 영향력도 함께 무너지게 된다. 특히 리더가 돈 문제에 직접 관리하다보면

본의 아니게 개인 돈과 단체 돈을 혼동할 수 있다. 그렇게 되면 나중에 큰 문제가 생길 수 있다. 그러므로 리더는 예산 사용을 본인이 직접하지 않고 별도의 실무 담당자에게 맡기는 것이 필요하다. 개인 돈과 단체 돈을 구분할 줄 알아야 하고 돈을 멀리하는 것이 리더로서 생명력을 유지할 수 있는 비결이다. 단체 예산은 늘 투명하게 공개하고 외부 회계 전문가로부터 정기적으로 감사 활동을 받는 것이 필요하다. 이러한 제도적 장치를 마련하는 것이 리더를 견제하는 것이 아니라 리더를 안전하게 보호하는 방법이다.

5. 전문성 (콘텐츠, Contents)

- **전문성 = 열정 + 시간**

위에서 제시한 4가지 요소가 일반적인 운동에서 필요한 요소라면 수업 혁신 운동에서 추가되는 것이 전문성이다. 일반적인 전문성의 조건은 누구나 할 수 없는 영역이어야 하고, 긴 시간을 거쳐야 습득할 수 있는 것이고, 단계별로 숙달할 수 있어야 하며, 다른 전문가로부터 검증을 받아 인정받을 수 있어야 한다. 교육 운동의 전문성은 특정 교육 분야에서 해당 문제점을 비판하는데 그치지 않고 남과 다른 합리적인 대안 콘텐츠를 생산하고 설득할 수 있는 역량을 말한다. 예컨대, 수업 혁신 운동이라면 현재 교사들의 수업 문화를 비판하는데 그치지 않고 수업 문화의 문제점과 그 근본 원인을 심층적으로 진단하고 그에 맞는 다양한 해결 방안을 제시할 수 있어야 한다는 것이다.

태어날 때부터 수업 전문가인 교사는 없다. 1만 시간의 법칙이 있다. 어떤 기술을 10년 이상 꾸준히 반복하여 실행하면 전문가 수준에 도달할 수 있다는 것이다. 교육 분야의 전문가가 되려면 자기 문제의식을 가지고 최소한 3년 이상 꾸준히 노력하면 어느 정도의 전문성이 쌓이게 마련이다. 그런데 대부분 1-2년 만에 그만두는 경우가 많다.

이를 해결할 수 있는 방법이 그 분야에 관심이 있는 사람들과 함께하는 것이다. 운동 단체에 속하게 되면 지속적으로 그 분야에 관심을 기울이고 집단 지성을 통해 자신의 전문성을 향상시킬 기회가 많다. 특출난 개인 플레이어에 의존한 운동의 경우, 그 영향력과 범위가 제한적이다.

- **단기간에 콘텐츠 전문가가 될 수 있는 비결**

자신이 초보 단계라면 그 분야의 최고 권위자에게 찾아가 배워야 한다. 명불허전(名不虛傳)이라는 표현대로 그 분야의 최고 권위자는 다른 사람들이 가지고 있지 않은 탁월함과 아우라가 존재한다. 이러한 것을 배워야 한다. 좋은 멘토를 찾으면 성장 속도가 빨라지게 된다. 멘토와의 좋은 관계를 지속적으로 유지하려면 인간적인 신뢰를 표현하는 것 뿐 아니라 좋은 질문과 빠른 학습 능력으로 반응을 보일 수 있어야 한다. 멘토와 멘티 관계에 있어서도 일종의 주고받는 관계(Give & Take)가 되어야 한다.

아직 남들이 관심을 가지지 않은 영역이지만 사람들에게 꼭 필요한 영역을 찾아야 한다. 일단 자신이 좋아하는 것과 잘하는 것, 그리고 사람들이 필요한 것을 구분해야 한다. 좋아하지만 잘하지 못하면 취미 영역으로 머물면 된다. 좋아하고 잘하면 전문성을 향상시키기 쉬우나 사람들이 필요로 여기지 않는 것이라면 운동적 관점에서 가치 있는 것은 아니다. 사람들이 필요한 것을 알아차리려면 일단 시대정신을 이해하고 사람들이 관심을 가지고 있는 영역 속에 숨어있는 이유를 파악해야 한다. 필자는 정기적으로 교육학 베스트셀러 목록을 확인한다. 그 이유는 어떤 책이 베스트셀러인지를 확인하는 것보다 그 책이 왜 베스트셀러인지를 생각한다. 예컨대, '학급 긍정 훈육법'이 교육학 베스트셀러 위치를 차지하고 있다면 그만큼 많은 교사들이 학생 생활 지도에 있어서 많이 힘들어 한다는 것을 알게 된다는 것이다.

한 분야를 정해 자신의 시간과 에너지를 집중적으로 투자해야 한다. 필자의 경우, 책을 한 권 쓰려면 관련 서적을 수십 권 구입하여 읽으면서 집필한다. 가급적 도서관에서 빌려보지 않고 내 돈을 직접 사서 구입하여 읽는다. 그래야 책에다 마음대로 표시하거나 밑줄을 그을 수 있고 언제든지 다시 열람할 수 있기 때문이다. 책값을 아까워하는 사람치고 전문가가 된 경우를 본 적이 거의 없다. 필자는 전체 수입의 일정 비율(5%)을 도서, 연수, 기자재 등 구입비로 책정하여 아낌없이 재투자 비용으로 사용한다. 그러면 책을 사고 연수를 받는 비용이 전혀 아깝게 느껴지지 않는다.

사물이나 사건을 바라보는 새로운 시각을 가져야 한다. 이를 위해서는 낯선 질문을 던질 줄 아는 능력이 필요하다. 같은 주제를 다른 사람들과 동일한 질문을 던져서는 새로운 콘텐츠가 생산될 수 없다. 같은 주제라도 다른 시각의 질문을 던질 수 있어야 좋은 콘텐츠를 만들어 낼 수 있다. 수업 운동 전문가와 열정이 있는 실행가와의 가장 큰 차이점은 창의성이다. 교육 운동 전문가는 창의적인 패러다임에 근거하여 새로운 콘텐츠와 그와 관련된 용어를 만들어내지만 열정이 있는 실행가는 그렇게 하지 못한다. 대신 실행가는 기존 담론에 따라 충실하게 실행하여 성과를 내는 것에만 관심을 가진다. 수업 운동 전문가는 기존 담론 수준을 성실하게 수행하는 것을 넘어 자신만의 문제의식을 가지고 창의적인 콘텐츠를 개발하고 보급할 수 있는 역량을 가질 수 있어야 한다. 새 술은 새 부대에 담아야 한다. 자신이 어떠한 운동 콘텐츠를 개발했다면 그 콘텐츠를 담는 용어를 새롭게 만들어야 한다.

• 수업 운동 전문가로 살아가는 비결

교육계의 트렌드와 흐름을 읽어야 한다. 다른 분야에 비해 교육계는 전반적으로 보수적인 편이긴 하지만 최근 들어 빠른 변화가 일어나고 있다. 교육계에서 가장 필요로 하는 분야가 무엇인지 찾아내고 그 분야에 대하여 끊임없이 연구하고 그에 맞는 콘텐츠를 개발할 수 있어야 한다. 유행에 너무 민감할 필요는 없겠지만 그렇다고 무딘 것도 문제이다.

　자만하지 말고 학습 능력을 가지고 끊임없이 배워야 한다. 이제는 평생 학습 시대이다. 교육 전문 운동가는 더욱 그러해야 한다. 자만에 빠지는 순간 고민을 더 이상 하지 않기 때문에 그 콘텐츠의 깊이는 상대적으로 떨어진다. 처음에는 그 분야의 1등이 나중에는 꼴찌로 뒤쳐질 수 있다. 처음에는 신선했던 주장도 자꾸 들으면 당연한 이야기로 변질된다.

　자기가 만든 콘텐츠를 자기가 만든 또 다른 콘텐츠로 밀어내야 한다. 수업 혁신 운동을 하다 보면 다른 사람들에게 주목을 받고 그 분야의 전문성을 인정받는 경우가 생긴다. 이때 자만에 빠져 연구를 게을리 하면 나중에 다른 사람의 수업 콘텐츠에 의하여 밀려난다. 필자의 경험상 대개 자기 성공에 도취되어 예전 성공 방정식대로 머물러 있다가 후발 주자들에 의하여 밀려나는 경우를 많이 보았다. 자기의 성공한 콘텐츠에만 빠지지 말고 자기가 또 다른 콘텐츠를 만들어 자기의 성공 콘텐츠를 밀어버려야 한다. 자기가 성공을 이룬 콘텐츠를 자기가 비판하여 또 다른 대안적 콘텐츠로 채울 수 있어야 한다.

　수업콘텐츠는 현장의 필요에 맞게 지속적으로 개발해야 한다. 필자가 알고 있는 사람들 중 이를 잘 실천하고 있는 사람이 허승환 선생님이다. 매년 테마를 정해 꾸준히 연구하고 실천하면서 그 성과물을 컴퓨터에 저장해 놓거나 포트폴리오로 정리한다. 그리고 방학 기간에 이를 풀어서 단행본으로 출간한다. 어떤 분야의 전문가가 가지고 있는 탁월성은 나름대로의 비결이 있다. 리더는 가급적 매년 새로운 콘텐츠를 개발하는 역량을 가질 수 있어야 한다. 그래서 필자는 2012년부터 필자도 1년에 1권씩 단행본 집필 계획을 세워서 지금까지 수년간 이를 실천하고 있다.

실패를 두려워해서는 안 된다. 어떤 리더가 수업 운동 전문가라고 사회적으로 인정받는다 하더라도 늘 자기 수업 콘텐츠가 성공하는 것은 아니다. 다만 그 실패는 잘 드러나지 않고 성공한 것만이 드러나기 때문에 일반 사람들에게는 그 사람이 늘 성공하는 것처럼 보일 뿐이다. 실패를 하면 그 실패한 이유를 꼭 찾아내야 한다. 그래야 다시는 동일한 실패를 반복하지 않는다.

그리고 뜻을 같이 하는 수업 운동 전문가들과 정기적으로 교류해야 한다. 그렇게 해야 수업 혁신 운동의 방향이 편협해지지 않고 다양성을 인정하면서 자신만의 독특성을 살려낼 수 있다. 다른 수업 운동가나 전문가들과의 교류를 통해 새로운 운동 아이디어를 얻을 수 있고 자신이 개발한 콘텐츠를 검증받을 수 있다.

나에게 '수업 공동체'란?

수업을 '나눈다'는 것이 어색하긴 하지만 나누려는 용기와 나눌 때 더해지는
경험의 깊이가 교사로서 성장하게 하는데 많은 도움이 되는 것 같다.
박인선 (동탄 왕배초)

나에게 수업 공동체는 외로운 섬 속에 찾아온 돛단배 같은 존재.
더 의미있고 행복한 수업을 위한 용기를 주고 간다.
하예지 (안양 민백초)

나눌수록 커지는 배움!
나와 다른 생각과 가치관을 가진 다양한 선생님들과 수업 나눔을 하며
나의 수업과 교사 생활을 돌이켜 보는 좋은 기회를 얻었다.
박지원 (서울 염창초)

수업을 주제로 선생님들과 같이 이야기하며 나만의 수업 레시피를
하나씩 만들어 간다.
김민섭 (시흥 배곧초)

수업 공동체가 없었다면 지금처럼 날 내 수업을 계속 돌아볼 수 있었을까?
장지혜 (수원 영화초)

학교일과를 마치고 수업공동체로 향하는 길은 늘 기대와 설렘으로
가득하다. 좋은 수업에 대해 고민하는 선생님들과 함께 하는 것만으로도
힘이 되는 시간이기 때문이다. 좋은 수업에 대하여 함께 고민할 수 있는
좋은 동료를 찾으시는 선생님들에게 수업 공동체를 권한다. 그 안에서 함께
성장하는 행복을 경험하게 될 것이다.
권수진 (서울 염동초)

수업 공동체를 통해 혼자보다 함께함으로 더 많은 것을 보고, 느끼고,
알게된다. 수업 속에서 진정한 나를 찾아가는 여행. 이것을 가능하게
하는 게 수업 공동체이다.
김경연 (안산초)

혼자서 고민하며 준비하던 수업 준비가 함께 고민하며 준비하는 수업 준비로 함께 하면 가볍다. 이것이 수업 공동체의 힘이다.
김은희 (인천 계산중)

우연한 기회에 공동 수업디자인 모임에 참여하면서 어려움을 나누고 생각을 같이 할 수 있다는 것과 뜻을 모으면 그 어떤 일도 해낼 수 있다는 것을 느꼈다. 특히 수업 참관을 하면서 자신의 수업 시간과 달리 활발하게 활동하는 학생의 모습에서 무한한 가능성을 보았다.
이진형 (용인 보라중)

교직의 전문성은 전문적 학습공동체에 있다고 생각한다. 자발적으로 수업 공동체에 참여하면 수업의 전문성을 신장시키는 데 큰 도움이 된다.
이병완 (군포 당동중)

수업공동체가 뭔가 대단한 것이 아니다. 옆에 있는 동료와 수업에 대해 이야기 나누는 것부터 시작이다. 그 시작이 어렵다고 생각하지만 사실 누구나하고 있는것이다. 다만 수다로 끝나지않아야한다. 수업을 함께 나눈다는 것은 삶을 나누는것과 같다. 수업공동체는 그래서 그 자체로 의미가 된다. 교사라면 누구나, 내 수업에 대해 터놓고 이야기하고 함께 고민할 누군가가 필요하다. 수업공동체가 그 답이 될것이다.
오정화 (군포중)

"이 책의 내용을
원격 연수로도 만날 수 있습니다!"

티쳐빌 티쳐빌 **원격교육연수원**

홈페이지 http://www.teacherville.co.kr

세부교육과정

모듈	차시	차시명
수업 공동체 이해	1	수업 성장인가? 퇴보인가?
	2	왜 수업 공동체인가?
	3	수업 공동체의 유형과 발달 단계
	4	공동 수업 디자인 모임
수업 수다	5	수업 공동체 시작하기
독서 토론 모임	6	독서 토론 모임
수업 나눔 모임	7	공동 수업디자인 모임의 실제
	8	수업자 입장에서 수업 바라보기
	9	학생의 배움 입장에서 수업 바라보기
	10	수업 나눔 모임의 운영 기술
	11	수업 나눔 모임의 실제
공동 수업디자인 모임	12	핵심 질문 중심 수업디자인의 이해
	13	핵심 질문 중심 수업디자인 모임의 실제
	14	좋은 학습지 만들기
	15	학습지 중심 수업디자인 모임의 실제

수업디자인연구소
INSTRUCTION DESIGN INSTITUE

수업디자인연구소(www.sooupjump.org)는
수업 혁신과 교사들의 수업 성장을 돕기 위해 수업 관련 콘텐츠를
지속적으로 연구 개발하고, 연수와 출판을 통해 콘텐츠를 확산하고,
수업 전문가를 지속적으로 양성하고
수업공동체 운동을 지원하고자 합니다.

활동 방향

1. 수업 혁신을 위한 다양한 콘텐츠 개발 및 보급

2. 지속적인 수업 성장을 위한 수업 코칭 활동

3. 수업 전문가 양성

4. 수업공동체 지원 및 좋은 학교 만들기 활동

5. 교육디자인네트워크 활동 및 교육관련 단체들과의 연대 활동

활동 내용

1. 수업 혁신 콘텐츠 개발 연구
(질문이 살아있는 수업, 수업공동체 만들기, 철학이 살아있는 수업 등)

2. 수업 혁신 콘텐츠 보급 (출판 및 학습도구 제작 등)

3. 외부 연구 프로젝트 추진
(교육부 주관 인성교육 및 자유학기제 자료 개발, 비상교육 주관 질문이
살아있는 교과수업 자료집 시리즈 등)

4. 교원 대상 연수 활동
(서울 강남, 경기 광명, 구리남양주, 군포교육지원청 등 주관 연수,
각종 교사학습공동체 및 일선 학교 대상 연수,
온라인 원격 연수(티스쿨원격연수원, 티쳐빌원격연수원 등))

5. 수업 혁신 콘텐츠 온라인 홍보
(홈페이지, 블로그 및 각종 SNS 활동 등)

6. 수업 전문가 양성 프로그램
(수석 교사 및 일반 교사 대상 수업 디자이너 아카데미 운영)

7. 수업콘서트 (교사들을 위한 수업 이벤트)

8. 수업 코칭 활동
(개별 및 단위학교, 교육청 주관 수업코칭 프로그램 수업코치 및 해드코치)

9. 교사 힐링 캠프 (교사 회복 프로그램)

10. 학교 내 교사학습공동체 지원 및 외부 교육 단체 및 기관 연대

김현섭 소장
(연락처) 010-7590-1359 / eduhope88@hanmail.net

교육디자인네트워크
Think and Action Tank for Education Innovation

교육디자인네트워크
(www.edudesign21.net)는
교육 혁신을 위한 씽크 및
액션 탱크 역할을 지향합니다.

- 현장 교원과 연구자를 중심으로 따뜻한 전문가주의와 실천연구 조직

- 교사는 연수받는 존재에서 연구하고 공유하는 존재

- 이론과 경험, 정책과 현장, 교육과 연구, 초등과 중등의 이분법 극복

- 각 영역별 연결과 협업, 소통과 나눔이 있는 플랫폼 조직

- 학습공동체, 연구공동체, 역량공동체, 실천공동체

- 연구자, 학부모, 교원, 전문직원 등이 함께 어우러지는 공동체를 지향합니다.

현재 교육디자인네트워크(대표 김현섭, 이사장 안종복)에는

수업디자인연구소(김현섭 소장), 교육정책디자인연구소(김성천 소장),

역량교육디자인연구소(권순현 소장), 진로디자인연구소(황우원 소장),

교육과정디자인연구소(장슬기 소장), 부모회복공간 샘(김성경 소장),

유아교육디자인연구소(이선혜 소장), 교육리더쉽연구소(안종복 소장)

8개 연구소가 함께 하는 플랫홈 조직입니다. 현재 새내기 교사 아카데미,

월례 정기 공개 특강 등을 개최하고 있고, 앞으로 다음과 같은

다양한 활동을 진행하고자 합니다.

- 네트워크 협의회 운영을 통한 각 연구소별 소통과 협업, 연대 강화
- 교사 성장 단계별 아카데미 공동 운영(예: 새내기, 수석교사, 전문직원, 학부모 등)
- 연구소의 연구 및 실천 성과 홍보(예: 뉴스레터, 블로그, 페이스북 페이지 등)
- 논문과 보고서, 저서를 통한 출판 운동
- 각 연구소의 컨텐츠를 결합한 학교혁신 운동
- 분야별 컨설팅(예: 연구, 수업 등)
- 정기모임을 통한 학습
- 각 연구소 사업 홍보 및 지원 등의 사업

변미정 간사
(연락처) 031-502-1359 / eduhope88@naver.com
(주소) 경기도 군포시 대야2로 157번길 5-22 2층 (사)교육디자인네트워크